키위엔
영어회화

키위엔 영어표현 하루 5분의 기적

초판 1쇄 발행 2023년 11월 08일
초판 5쇄 발행 2024년 10월 01일

지은이 박강준

펴낸이 박희준
편집총괄 이지호

디자인 지아나 리, 제이로드

펴낸곳 (주)키위엔
출판등록 2022년 3월 11일 제2022-000022호
주소 경기도 화성시 동탄영천로 101 511호 (영천동)
이메일 keyweenbooks@gmail.com

ISBN 979-11-980029-1-4 (13740)

COPYRIGHT ⓒ 박강준, 2023

* 이 책은 특허법과 저작권법에 의해 보호받는 저작물이므로 무단 전재와 무단 복제 그리고 모방을 법률로 금합니다.
* 책값은 뒤표지에 있습니다.
* 파본은 구매처에서 교환해 드립니다.

키위엔
영어표현

박강준 지음

키위엔

머리말

"영어가 안되는 건 여러분의 능력이 부족해서가 아닙니다.
 잘못된 방법 때문입니다."

영어를 공부하는 수많은 이들의 가장 큰 고민은 아무리 단어를 외워도 막상 말을 하려고 하면 하고 싶은 말을 문장으로 만들 수 없다는 것입니다. 그러다 보니 결국 문장들을 통으로 외우게 되는 거죠. 하지만 그렇게 힘들게 외운 문장들은 조금만 시간이 지나면 매정하게도 우리 머릿속에서 사라져 버립니다. 이런 현상이 영어 학습자들의 능력 부족 때문일까요? 그렇지 않습니다. 영어가 안되는 이유는 우리의 능력이 부족해서가 아니라 잘못된 방법으로 학습을 해왔기 때문입니다. 그럼 도대체 영어는 어떻게 해야 잘할 수 있을까요? 이 질문의 해답을 찾기 위해서는 우리가 왜 단어를 공부하려 하는지부터 생각해 봐야 합니다.

단어는 문장을 만들기 위해 존재하죠. 하지만 우리는 영어 단어 수를 늘리는 데만 집중해 온 것은 아닌가 하는 생각이 듭니다. 문장을 만들기 위해서는 다양한 단어를 아는 것 외에도 결정적인 한 가지가 더 필요한데, 그것은 바로 '단어의 위치'를 아는 것입니다. 우리가 외운 단어가 문장 안에서 어디에 위치하는지 알아야 문장을 만들 수 있는 것이죠. 요리 초보자에게 레시피 없이 재료만 주면 음식을 만들 수 없듯이, 단어들만 안다고 해서 영어 문장을 만들 수는 없는 것입니다.
단어는 문장을 만들기 위해서, 그리고 문장은 대화가 되기 위해서 존재합니다. 문장화 능력이 생기면 문장을 통으로 외우느라 고생하지 않아도 되며, 빠르고 효율적으로 영어를 익힐 수 있는 것이지요. 단어는 단어 그 자체로 머릿

속에 머물 때보다 문장을 만들어 사용하였을 때 장기기억에 저장됩니다. 결론적으로 영어를 배우는 올바른 방법은 단어를 학습할 때 그 단어들을 사용해 문장을 만드는 방법까지 함께 배우는 것 입니다.

『키위엔 영어회화 하루 5분의 기적』이 학습자에게 문장을 만들 수 있는 능력을 주는 것에 중점을 뒀다면 이번『키위엔 영어표현 하루 5분의 기적』은 다양한 문장 표현을 익혀 실제 상황에 영어로 대화가 가능하게 해 주는 것에 초점을 맞췄습니다. 생활 영어 표현들 위주로 시작해서 우리가 일상에서 마주하게 되는 다양한 상황별 대화문들을 통해 실전에서 대화가 가능하게 해드릴 것입니다.

『키위엔 영어표현 하루 5분의 기적』은 수많은 분들이 마침내 영어에 성공했던 그 길로 여러분을 이끌 겁니다. 정말로 내가 하고 싶은 말을 문장으로 만들 수 있고 또 그 문장이 내 입에서 나오게 도움을 줄 것입니다. 이 책에서 제시하는 단계들을 하나씩 차례대로 밟아나간다면 여러분은 어느새 더 이상 기초가 아닌 당당한 중급자의 모습으로 영어의 신세계를 맞이하게 되실 겁니다. 이것은 이미 키위엔의 특허받은 단어 위치 학습법을 통해 공부한 수십만 명이 하생들이 증명해 주고 있습니다.

영어는 여러분 인생에 더 많은 기회를 제공해 드릴 것이며 나아가 과거의 내 모습처럼 영어에 힘들어하고 있는 많은 이들에게 변화와 도움을 줄 수 있을 것입니다. 여러분의 소중한 배움을 진심으로 응원합니다.

저자 **박강준**

이 책의 구성 및 활용법

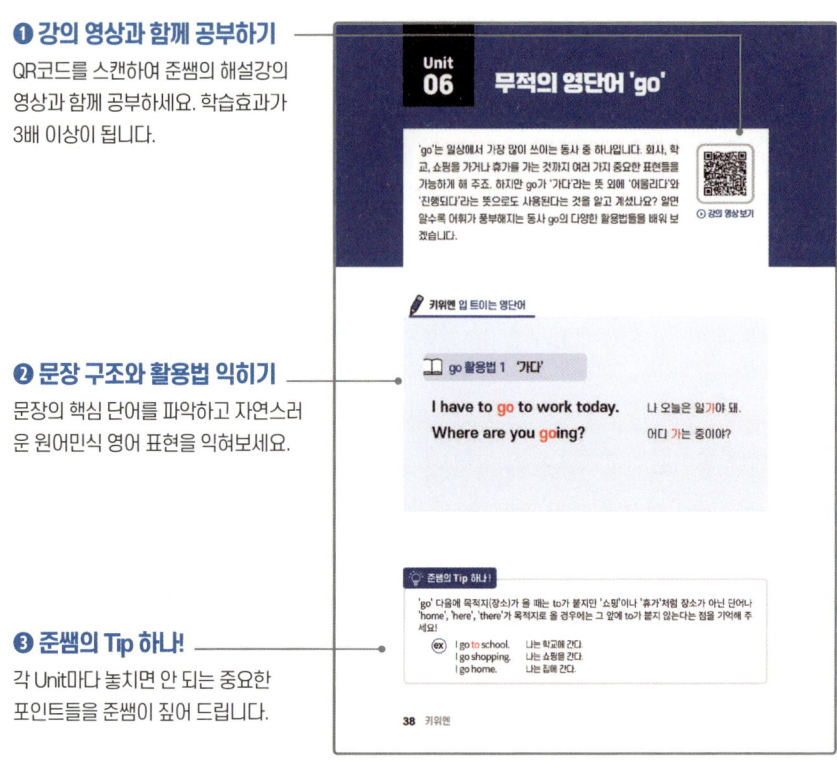

❶ 강의 영상과 함께 공부하기
QR코드를 스캔하여 준쌤의 해설강의 영상과 함께 공부하세요. 학습효과가 3배 이상이 됩니다.

❷ 문장 구조와 활용법 익히기
문장의 핵심 단어를 파악하고 자연스러운 원어민식 영어 표현을 익혀보세요.

❸ 준쌤의 Tip 하나!
각 Unit마다 놓치면 안 되는 중요한 포인트들을 준쌤이 짚어 드립니다.

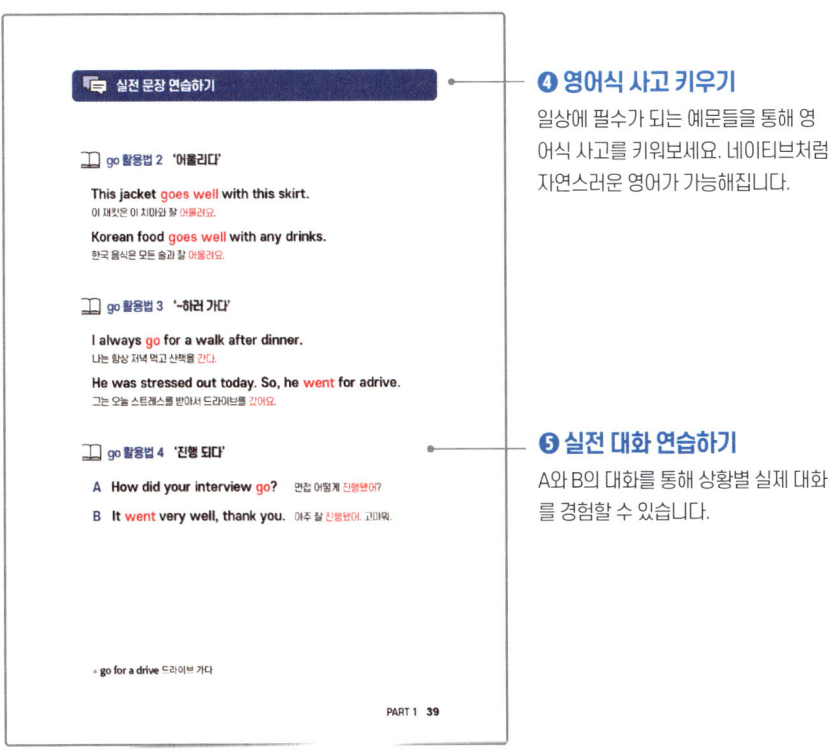

● 이 책에 나오는 영어 문장에 대한 한국어 뜻들은 상황에 맞춰 실용적으로 연습할 수 있도록 존댓말, 반말 등 다양한 말투로 구성되어 있습니다.

이 책의 구성 및 활용법

❶ 실생활 영어 표현 익히기

원어민들이 가장 많이 쓰는 생활 속 실용 문장들을 여러분의 것으로 만들어 보세요. 한국어 문장을 영어로 바꿔 말하는 연습을 통해 Speaking 과 Writing 실력을 동시에 키울 수 있습니다.

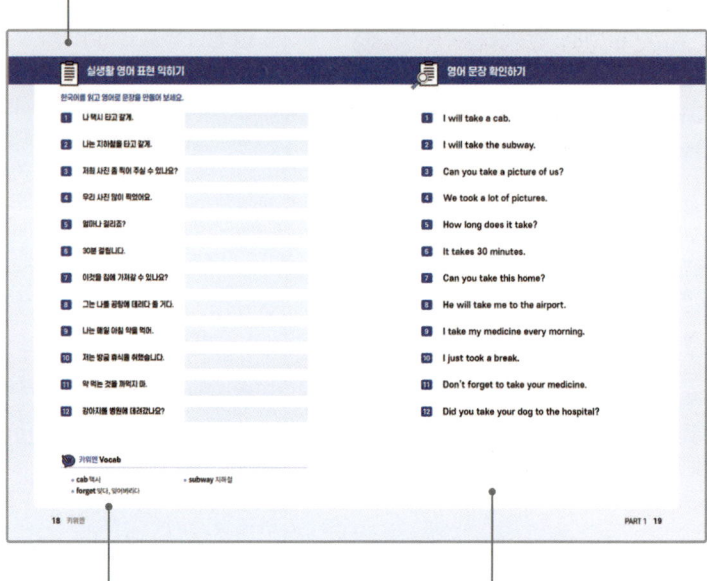

❷ 키위엔 Vocab

원어민이 자주 쓰는 유용한 표현들이 정리되어 있습니다. 네이티브처럼 말하기 위한 필수 단어들이니 말연습을 통해 나만의 경쟁력을 키워 보세요.

❸ 장기 기억 저장법

하루 5분, 영어 문장은 가리고 한국어만 보고 영어로 말하는 연습을 꾸준히 해보세요. 영어는 반복을 통해 완성됩니다.

❶ 상황별 실전 대화 연습

앞서 배운 표현들로 자연스러운 영어 대화가 이루어지는 것을 직접 확인해 보세요. 이 책 한 권으로 일상 영어 회화의 90% 이상이 가능해집니다.

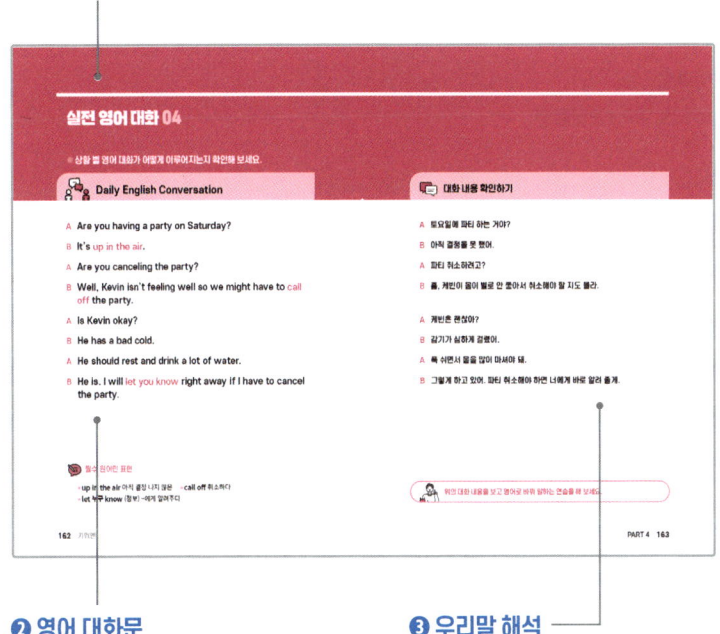

❷ 영어 대화문

일상에서 자주 일어나는 대화를 상황별로 정리했습니다. 사용 빈도가 높은 필수 원어민 표현들도 함께 학습해 보세요.

❸ 우리말 해석

영어 대화문의 우리말 해석입니다. 자연스러운 우리말로 옮겨진 뜻과 뉘앙스를 확인하고 미국 생활을 간접 체험해 보세요.

● 각 파트별 준쌤의 노하우가 담긴 '스페셜 강의'들이 준비되어 있으니 절대 놓치지 마세요! 여러분의 영어실력을 수직 상승시켜 드립니다.

목차

머리말 4
이 책의 구성 및 활용법 6

Part 01 입 트이는 영단어

Unit 01	무적의 영단어 take	18
Unit 02	무적의 영단어 get	22
Unit 03	무적의 영단어 make	26
Unit 04	무적의 영단어 have	30
Unit 05	무적의 영단어 do	34
Unit 06	무적의 영단어 go	38
Unit 07	무적의 영단어 work	42
Unit 08	무적의 영단어 be	46
Unit 09	무적의 영단어 be (part 2)	50
Unit 10	무적의 영단어 let	54

스페셜 강의 | 영어회화의 99%가 가능해 지는 어순 총정리 58

Part 02 원어민이 매일 쓰는 실전 영어 표현

Unit 11	나 완전 기절했었어. 'I passed out.'	62
Unit 12	막 ~하려던 참이야. 'I am about to~'	66
Unit 13	오늘은 내가 살게! 'It's on me today.'	70
Unit 14	오늘은 ~가 당기네! 'I feel like~'	74
Unit 15	6시에 칼 퇴근해!/ 이건 서비스입니다!	78

Unit 16	헷갈리는 화장실 표현 정리 toilet / restroom / bathroom	82
Unit 17	내 말 무시하지 마! ignore vs look down	86
Unit 18	귀찮아. 'I don't feel like it.'	90
Unit 19	'차에 타다'와 '택시에 타다'는 다르다?	94
Unit 20	전화 끊지 마! 'Don't hang up on me.'	98
스페셜 강의	어순만큼 중요한 Do you~? Are you~? 구분법	102

Part 03　내 영어의 시작: 기본만 알아도 대화가 된다 (1부)

Unit 21	How are you? vs How are you doing?	106
Unit 22	"I'm fine, thank you. And you?" 이제 그만!	110
Unit 23	"Nice to meet you."는 '반가워'가 아니다?	114
Unit 24	'Me too'는 '나도'가 아니다?	118
Unit 25	'Thank you.'에 'You're welcome.'이 최선일까요?	122
Unit 26	매너 있게 거절하기	126

Part 03　내 영어의 시작: 교정이 시급한 영어 표현 (2부)

Unit 27	come 오다, go 가다 아니에요!	132
Unit 28	'기대하다'는 expect가 아니에요!	136
Unit 29	'예약하다' appointment vs reservation	140
Unit 30	'약속있어'는 promise가 아니다!	144
Unit 31	'아프다' hurt vs sick	148
스페셜 강의	회화 필수 패턴 완전 정복	152

목차

Part 04 Daily English Conversation

실전 영어 대화 01 — 156
실전 영어 대화 02 — 158
실전 영어 대화 03 — 160
실전 영어 대화 04 — 162
실전 영어 대화 05 — 164
실전 영어 대화 06 — 166
실전 영어 대화 07 — 168
실전 영어 대화 08 — 170
실전 영어 대화 09 — 172
실전 영어 대화 10 — 174
실전 영어 대화 11 — 176
실전 영어 대화 12 — 178
실전 영어 대화 13 — 180
실전 영어 대화 14 — 182
실전 영어 대화 15 — 184
실전 영어 대화 16 — 186
실전 영어 대화 17 — 188
실전 영어 대화 18 — 190
실전 영어 대화 19 — 192
실전 영어 대화 20 — 194

Part 05 지금 당장 써먹을 수 있는 실생활 영어표현 100문장

-실전대화 다지기 편-

지금 당장 써먹을 수 있는 100문장 1~30	198
Fill in the blank 1~30	206
지금 당장 써먹을 수 있는 100문장 31~60	212
Fill in the blank 31~60	220
지금 당장 써먹을 수 있는 100문장 61~100	226
Fill in the blank 61~100	236

Part 06 사용빈도수 1위 실생활 영어표현 100문장

-실전대화 완성편-

사용빈도수 1위 실생활 표현 100문장 1~30	246
Fill in the blank 1~30	254
사용빈도수 1위 실생활 표현 100문장 31~60	260
Fill in the blank 31~60	268
사용빈도수 1위 실생활 표현 100문장 61~100	274
Fill in the blank 61~100	284

스페셜 부록 | 중급 영어에 대비하는 첫걸음

기적의 단어 01	if 만약에 ~라면	294
기적의 단어 02	when ~할 때/ ~일 때	298
기적의 단어 03	before & after ~하기 전에/~한 후에	302
기적의 단어 04	although (비록) ~하더라도	306
기적의 단어 05	because ~때문에	310

**QR 코드를 스캔하여
준쌤의 강의 영상과 함께 공부하세요!**
학습효과가 **3배 이상**이 됩니다.

[키위엔 강의영상 보기]

PART 01

입 트이는 영단어

단어도 중요한 단어, 영어 입이 트이기 위한 우선 순위의 단어들이 존재합니다. 꼭 알아야 하는 단어들은 여러 종류가 있지만 그 중 하나가 바로 단어는 하나인데 뜻이 여러 개인 단어들이죠. 그럼 영어회화의 지름길이 되어 줄 '무적의 동사' 10가지를 우리의 것으로 만들어 보겠습니다!

Unit 01 무적의 영단어 'take'

단어도 먼저 알아야 하는 우선 순위의 단어들이 있습니다. 한 단어가 여러 개의 뜻을 가지고 있는 단어들을 말하는데요. 우리는 이 단어들을 입 트이는 영단어라고 부를 것이며 그 첫 번째 단어는 'take'입니다. take의 기본적인 뉘앙스는 '취하다' (갖다) 또는 '가져가다'이고 원어민들은 이 뉘앙스를 토대로 '데리고 가다', '휴식을 취하다' 그리고 '약을 복용하다' 등 다양한 상황에서 take를 활용합니다.

▶ 강의 영상 보기

 키위엔 **입 트이는 영단어**

 take 활용법 1 '가져가다'

Take your umbrella.   우산 가져가.
Take your phone with you.   핸드폰 가져가.

 준쌤의 Tip 하나!

영어 문장은 '주어+동사+목적어' 순으로 만들어지지만, 주어를 포함하지 않고 동사로 문장을 시작하면 '~해.' '~하세요.'라는 명령문이 됩니다.

 Take your umbrella.   우산 가져가.
　　　동사　목적어

실전 문장 연습하기

📖 **take 활용법 2** '~를 데리고 가다'

A Can you **take** me home? 나 집에 데려다줄 수 있어?
B Sure, I will **take** you home. 그럼, 내가 데려다 줄게.

📖 **take 활용법 3** '약을 복용하다'

Take your medicine. 약 먹어.
Take your vitamins. 비타민 먹어.

📖 **take 활용법 4** '쉬다'

Let's **take** a break. 잠깐 쉬자.
Let's **take** a coffee break! 잠시 커피 브레이크 하시죠!

- **coffee break** 커피 마시면서 쉬는 시간

실생활 영어 표현 익히기

한국어를 읽고 영어로 문장을 만들어 보세요.

1. 나 택시 타고 갈게.
2. 나는 지하철을 타고 갈게.
3. 저희 사진 좀 찍어 주실 수 있나요?
4. 우리 사진 많이 찍었어요.
5. 얼마나 걸리죠?
6. 30분 걸립니다.
7. 이거 제가 집에 가져가도 되나요?
8. 그는 나를 공항에 데려다줄 거다.
9. 나는 매일 아침 약을 먹어.
10. 저는 방금 휴식을 취했습니다.
11. 약 먹는 것을 까먹지 마.
12. 강아지를 동물병원에 데려갔나요?

🗨 키위엔 Vocab

- **cab** 택시
- **take** 누구 **to** ~를 어디에 데려다 주다
- **subway** 지하철
- **forget** 잊다, 잊어버리다

영어 문장 확인하기

1. I will take a cab.
2. I will take the subway.
3. Can you take a picture of us?
4. We took a lot of pictures.
5. How long does it take?
6. It takes 30 minutes.
7. Can I take this home?
8. He will take me to the airport.
9. I take my medicine every morning.
10. I just took a break.
11. Don't forget to take your medicine.
12. Did you take your dog to the animal hospital?

> **준쌤의 Tip 하나!**
>
> 말 연습 방법: 영어 문장들을 가린 채로 앞 페이지의 한국어만 보고 영어로 말하는 연습을 해 보세요.

Unit 02 무적의 영단어 'get'

원어민들이 매일 쓰는 '입 트이는 영단어'는 총 10개가 있습니다. 이 10단어를 아는 것이 100문장을 아는 것보다 훨씬 많은 표현들을 할 수 있는데요. take 만큼이나 사용 빈도수가 높은 두 번째 필수 영단어는 'get'입니다. 영어회화에 없어서는 안 되는 필수 동사 get의 다양한 뜻과 그 활용법을 배워 보겠습니다.

▶ 강의 영상 보기

 키위엔 입 트이는 영단어

 get 활용법 1 '얻다'

You need to **get** some sleep.   넌 잠 좀 자야 돼.
I need to **get** some coffee.   난 커피를 좀 마셔야 할 것 같아.

 준쌤의 Tip 하나!

'some'은 '조금', 또는 '약간의'라는 뜻으로, '잠'이나 '커피' 같은 명사 앞에 활용해 주면 더욱 원어민스러운 영어 표현을 할 수 있습니다!

(ex) Do you want some coffee?   커피 좀 마실래?

- **need to** ~할 필요가 있다/~을 해야 한다

실전 문장 연습하기

📖 get 활용법 2 '사다'

I **got** a new phone last week.   나 지난주에 새로운 폰 샀어.
I **got** this online.   나 이거 인터넷에서 샀어.

📖 get 활용법 3 '도착하다'

Sorry, I will **get** there soon.   미안, 나 곧 도착해.
I will call you when I **get** there.   내가 거기 도착하면 전화할게.

📖 get 활용법 4 '이해하다'

A Did you **get** it?   너 이해됐니?
B Yes, I **got** it.   네, 이해했어요.

- got = get의 과거

실생활 영어 표현 익히기

한국어를 읽고 영어로 문장을 만들어 보세요.

1. 나 취직했어요!

2. 나 머리 잘랐어.

3. 너 그거 어디서 샀니?

4. 너 어젯밤 언제 집에 도착했니?

5. 어젯밤에 전화를 한 통 받았어요.

6. 제 문자 받았어요?

7. 환불해 주세요.

8. (날씨가) 더워지고 있어요.

9. 커피가 식어가고 있어.

10. 에이미는 점점 영어가 늘고 있어요.

11. 쾌유를 빕니다.

12. 널 위해 뭘 좀 샀어.

💬 키위엔 Vocab

- **haircut** 이발
- **refund** 환불
- **text message** 문자
- **get well** 몸을 회복하다

영어 문장 확인하기

1. I got a job!
2. I got a haircut.
3. Where did you get that?
4. When did you get home last night?
5. I got a call last night.
6. Did you get my text message?
7. I'd like to get a refund, please.
8. It's getting hot.
9. My coffee is getting cold.
10. Amy is getting better at English.
11. I hope you get well soon.
12. I got something for you.

Unit 03 무적의 영단어 'make'

세 번째로 배울 필수 영단어는 'make'입니다. '만들다'라는 뜻으로 알려진 make를 원어민들은 '성공하다', '돈을 벌다' 그리고 '요리하다' 등 훨씬 더 다양한 뜻으로 활용합니다. 그럼 영어회화에서 반드시 알아야 하는 필수 동사 make의 활용법을 함께 알아볼까요? 실제로 원어민들은 make를 일상에서 어떤 뜻으로 많이 사용하는지 하나하나 정리해 드리도록 하겠습니다.

▶ 강의 영상 보기

키위엔 입 트이는 영단어

📖 make 활용법 1 '돈을 벌다'

He made a lot of money last year.
그는 지난해에 돈을 많이 벌었어.

I am making good money right now.
난 지금 충분히 돈을 잘 벌고 있어.

 준쌤의 Tip 하나!

'good money'라고 하면 '좋은 돈'으로 해석할 수 있지만, 영어로는 '좋은 돈'이 아니라 '먹고 살기 충분한 돈'으로 해석되니 참고해 주세요!

(ex) She is making good money. 그녀는 돈을 잘 벌어요.

• made = make의 과거

실전 문장 연습하기

📖 make 활용법 2 '성공하다/ 해내다'

We made it!
우리가 해냈어!

My daughter made it to her dream school.
내 딸이 꿈꾸던 학교에 붙었어.

📖 make 활용법 3 '전화를 걸다'

Can I make a phone call?
제가 전화 한 통만 할 수 있을까요?

I will make a phone call to my boss.
내가 우리 상사한테 전화할게.

📖 make 활용법 4 '만들다'

I don't want to make dinner tonight.
나 오늘은 저녁하고(만들고) 싶지 않아.

Can you make a plan for this trip?
이번 여행은 네가 계획을 짤 수 있니?(만들 수 있니?)

- plan 계획   • trip 여행

실생활 영어 표현 익히기

한국어를 읽고 영어로 문장을 만들어 보세요.

1. 이번 여행 계획은 내가 짤게.

2. 너 오늘 침대 정리했어?

3. 그 식당에 예약했어?

4. 케빈 김으로 예약했습니다.

5. 내일 회의를 위한 일정을 잡을 수 있나요?

6. 그녀는 환불을 요청하기 위해 고객센터에 전화를 걸었다.

7. 이 영화는 올해 가장 많은 돈을 벌었습니다.

8. 그 회사는 어떻게 돈을 버나요?

9. 우리 시간 안에 회의에 도착할 수 있을까?

10. 내가 제일 좋아하는 가수가 결승전에 올라갔어.

11. 나는 이미 이번 주말 계획을 세웠어.

12. 이 모든 것들을 직접 만들었어?

 키위엔 Vocab

- **under the name of** ~라는 이름으로
- **most** 최대, 가장
- **yourself** 직접, 네 자신
- **customer service** 고객센터
- **in time** 제 시간에

영어 문장 확인하기

1. I will make a plan for this trip.

2. Did you make your bed this morning?

3. Did you make a reservation at the restaurant?

4. I made a reservation under the name of Kevin Kim.

5. Can we make an appointment for a meeting tomorrow?

6. She made a call to customer service to ask for a refund.

7. This movie made the most money this year.

8. How does the company make money?

9. Will we make it to the meeting in time?

10. My favorite singer made it to the final round.

11. I already made a plan for this weekend.

12. Did you make everything yourself?

Unit 04 무적의 영단어 'have'

원어민들이 매일 사용하는 네 번째 필수 영단어는 'have'입니다. have는 '가지고 있다'라는 뜻을 기반으로, 물건, 시간, 아이디어, 기회 등 다양한 것을 소유하고 있다는 표현을 할 수 있게 해 줍니다. 영어로 대화가 되기 위해서는 반드시 알아야 하는 동사이지요. 그럼 have의 다양한 활용법을 함께 알아볼까요?

▶ 강의 영상 보기

 키위엔 **입 트이는 영단어**

📖 **have 활용법 1** '가지고 있다 = 있다'

I **have** a goal.	나는 목표가 있어.
I **have** Youtube on my phone.	나는 휴대폰에 유튜브가 있어.

💡 **준쌤의 Tip 하나!**

have의 뜻 '~을 가지고 있다'는 우리말로 '~이 있다'라는 뜻으로도 해석된다는 것을 참고해 주세요. 그래서 'I have a goal.'이라는 문장은 '나는 목표를 가지고 있다.'로 해석해도 되지만 '나는 목표가 있어.'로 더 자연스럽게 해석할 수 있습니다.

 goal 목표

실전 문장 연습하기

📖 have 활용법 2 '~먹다/ 마시다'

I had pasta for lunch.   난 점심으로 파스타를 먹었어.

I just **had** some coffee.   조금 전에 막 커피를 마셨어요.

📖 have 활용법 3 '생각/ 질문이 있다'

I have a good idea!   좋은 생각이 있습니다!

I have a question.   질문이 있습니다.

📖 have 활용법 4 '시간을 가지다'

I had a good time last night.
어젯밤에 좋은 시간을 보냈어.

Did you have a great weekend?
주말 잘 보냈니?

- **had** = **have**의 과거

실생활 영어 표현 익히기

한국어를 읽고 영어로 문장을 만들어 보세요.

1. 나는 꿈이 있어요.

2. 나 일이 많아.

3. 시간이 있어?

4. 나 두통이 있어.

5. 나 감기에 걸렸어.

6. 저는 가족과 저녁식사를 하고 있어요.

7. 질문이 있으세요?

8. 너 무슨 문제 있니?

9. 나 여자친구와 말다툼을 했어.

10. 저는 작년에 수술을 받았어요.

11. 기회가 있다면, 해외로 유학가고 싶어요.

12. 우리 대화 좀 할 수 있을까?

키워엔 Vocab

- **headache** 두통
- **argument** 말다툼
- **study abroad** 유학하다
- **problem** 문제
- **surgery** 수술

영어 문장 확인하기

1. I have a dream.
2. I have a lot of work.
3. Do you have time?
4. I have a headache.
5. I have a cold.
6. I'm having dinner with my family.
7. Do you have any questions?
8. Do you have any problems?
9. I had an argument with my girlfriend.
10. I had surgery last year.
11. If I have a chance, I want to study abroad.
12. Can we have a talk?

Unit 05 무적의 영단어 'do'

입 트이는 영단어 'do'의 뜻은 '하다'입니다. do만 잘 사용할 수 있어도 영어 소통이 훨씬 수월해지는데요. do는 주어 앞에 위치하며 의문문을 만들 수 있게 해 줄 뿐 아니라, 동사 자리에도 위치할 수 있어 수많은 표현을 가능하게 해 줍니다. 그럼 이 점을 기억하면서 다양한 문장들을 함께 익혀 보겠습니다.

 강의 영상 보기

 키위엔 입 트이는 영단어

📖 do 활용법 1 '~하다'

Did you do it? 너 그거 했어?
No, but I will do it later. 아니, 근데 나중에 할 거야.

 준쌤의 Tip 하나!

필수 동사 do는 주어 앞에 위치하면 의문문을 만들 수 있고, 동사 자리에 위치하면 다양한 평서문과 부정문을 만들 수 있습니다!

 Do you speak English?   vs   I will do it later.
　　　　(의문문)　　　　　　　　　(평서문)

실전 문장 연습하기

📖 do 활용법 2 '집안일을 하다'

Did you **do** the laundry?   빨래했어?

Can you **do** the dishes?   설거지 좀 해 줄 수 있니?

📖 do 활용법 3 '최선을 다하다'

A   Can you **do** that?   그렇게 해 줄 수 있니?

B   I will **do** my best.   최선을 다해 볼게요.

📖 do 활용법 4 '부탁하다'

A   Can you **do** me a favor?   내 부탁을 들어줄 수 있니?

B   Sure, what is it?   그럼, 뭔데?

- do the laundry 빨래하다   • do the dishes 설거지하다

실생활 영어 표현 익히기

한국어를 읽고 영어로 문장을 만들어 보세요.

1. 난 매일 아침에 요가를 해.

2. 나 오늘 머리할 거야.

3. 나 일하고 집안일도 해야 해.

4. 네 손톱 했니?

5. 너 숙제했어?

6. 뭐 하는 중이야?

7. 직업이 뭐야?

8. 진짜 방 청소했다고.

9. 그가 그렇게 말했다니까.

10. 그녀는 디저트를 정말 좋아해.

11. 오늘 할 일이 정말 많아.

12. 나중에 장을 좀 봐야 해.

💬 키위엔 **Vocab**

- do nails 네일 하다
- grocery shopping 장보기

영어 문장 확인하기

1. I do yoga every morning.
2. I'm going to do my hair today.
3. I have to work and do the housework.
4. Did you do your nails?
5. Did you do your homework?
6. What are you doing?
7. What do you do for a living?
8. I did clean my room.
9. He did say that.
10. She does love dessert.
11. I have a lot of work to do today.
12. I need to do some grocery shopping later.

Unit 06 무적의 영단어 'go'

'go'가 '가다'라는 뜻 외에 '어울리다'와 '진행되다'라는 뜻으로도 사용된다는 것을 알고 계셨나요? 'go'는 우리의 일상에서 가장 많이 쓰이는 동사 중 하나로 회사나 학교, 쇼핑을 가거나 휴가를 가는 것과 같은 여러 가지 중요한 표현들을 가능하게 해 주죠. 알면 알수록 어휘가 풍부해지는 동사 go의 다양한 활용법들을 배워 보겠습니다.

 강의 영상 보기

 키위엔 입 트이는 영단어

go 활용법 1 '가다'

I have to **go** to work today.   나 오늘은 일**가**야 돼.
Where are you **go**ing?   어디 **가**는 중이야?

 준쌤의 Tip 하나!

'go' 다음에 목적지(장소)가 올 경우에는 목적지 앞에 to가 붙지만 '쇼핑'이나 '휴가'처럼 장소가 아닌 단어나 'home', 'here', 'there'이 목적지로 올 경우에는 그 앞에 to가 붙지 않는다는 점을 기억해 주세요.

 I go to school.   나는 학교에 간다.
      I go shopping.   나는 쇼핑을 간다.
      I go home.   나는 집에 간다.

실전 문장 연습하기

📖 go 활용법 2 '어울리다'

This jacket goes well with this skirt.
이 재킷은 이 치마와 잘 어울려요.

Korean food goes well with any drinks.
한국 음식은 어떤 술과도 잘 어울려요.

📖 go 활용법 3 '~하러 가다'

I always go for a walk after dinner.
나는 항상 저녁 먹고 산책을 간다.

He was stressed out today. So, he went for a drive.
그는 오늘 스트레스를 받아서 드라이브를 갔어요.

📖 go 활용법 4 '진행되다'

A   How did your interview go? 면접 어떻게 진행됐어?

B   It went very well, thank you. 아주 잘 진행됐어. 고마워.

- go for a walk 산책을 가다
- go for a drive 드라이브 가다

실생활 영어 표현 익히기

한국어를 읽고 영어로 문장을 만들어 보세요.

1. 나 오늘 학교 안 가.

2. 우리는 매년 여름 바다에 간다.

3. 어젯밤에 어디 갔었어?

4. 네 파란 셔츠는 이 청바지와 잘 어울려.

5. 커피는 초콜릿 케이크와 잘 어울린다.

6. 이 소스는 우리의 메인 메뉴와 어울리지 않아.

7. 다음에 커피 한잔 할까요?

8. 그는 혼자 운전하는 것을 좋아한다.

9. 영화 보러 갈래?

10. 이 프로젝트는 지금까지 잘 진행되고 있어.

11. 내 취업 면접이 이번에는 잘 진행됐어.

12. 협상은 지금 잘 진행 중이니?

키위엔 Vocab

- go well 잘 어울리다
- so far 지금까지
- go for a movie 영화 보러 가다
- negotiation 협상

영어 문장 확인하기

1. I don't go to school today.
2. We go to the beach every summer.
3. Where did you go last night?
4. Your blue shirt goes well with these jeans.
5. Coffee goes well with chocolate cake.
6. This sauce doesn't go well with our main menu.
7. Should we go for a coffee next time?
8. He likes to go for a drive by himself.
9. Do you want to go for a movie?
10. This project is going well so far.
11. My job interview went well this time.
12. Is the negotiation going well right now?

Unit 07 무적의 영단어 'work'

사실 원어민들은 '일하다'라는 뜻으로 알려진 'work'를 훨씬 더 다양한 뜻으로 사용합니다. 반드시 알아야 하는 work의 대표적인 뜻으로는 '작동하다'와 '효과가 있다'가 있는데요. 그럼 어떻게 이 표현들을 활용해 다양한 일상 표현을 할 수 있는지 배워보겠습니다!

▶ 강의 영상 보기

 키위엔 입 트이는 영단어

📖 work 활용법 1 '일하다'

Do you work tomorrow?
너 내일 일하니?

I'm working right now. I'll call you later.
나 지금 일하는 중이야. 이따 전화할게.

 준쌤의 Tip 하나!

'work'는 '일하다'라는 동사의 뜻 말고도 '일' 또는 '직장'이라는 명사의 뜻도 있습니다. 그래서 "I have to go back to work."는 "나 **직장**에 다시 들어가 봐야 돼."라는 문장이 되는 거죠.

실전 문장 연습하기

📖 work 활용법 2 '작동하다'

My phone is not working. 내 휴대폰이 (작동이) 안돼.

Is your computer working? 네 컴퓨터는 (작동이) 되니?

📖 work 활용법 3 '효과가 있다'

It works! 효과 있네!

Does it work? 그거 효과 있니?

📖 work 활용법 4 '작업하다'

I'm working on a new project these days.
나 요즘 새로운 프로젝트 작업하고 있어.

Are you working on something now?
지금 뭐 작업 중이세요?

- **these days** 요즘

실생활 영어 표현 익히기

한국어를 읽고 영어로 문장을 만들어 보세요.

1 은행에서 일하시나요?

2 우리는 예전에 함께 일 했어.

3 내 컴퓨터는 잘 작동돼. 새 컴퓨터가 필요하지 않아.

4 이 프린터는 작동하지 않아.

5 네 휴대폰은 인터넷 돼?

6 이 운동은 체중 감량에 효과가 있어.

7 나 다른 프로젝트는 작업할 수 없어.

8 우리는 새 책을 준비하고 있어요.

9 저는 스타트업 회사에서 일해요.

10 그녀는 바빠요. 요즘 뭔가를 작업하고 있어요.

11 이 진통제는 빠르게 통증을 완화하는데 효과가 있나요?

12 이거 정말 효과가 좋아!

 키위엔 **Vocab**

- **used to** 한때 ~했었다
- **weight loss** 체중 감량
- **painkiller** 진통제
- **relieve the pain** 통증을 완화하다

영어 문장 확인하기

1. Do you work at a bank?

2. We used to work together.

3. My computer works fine. I don't need a new computer.

4. This printer doesn't work.

5. Does the internet work on your phone?

6. This exercise works for weight loss.

7. I can't work on another project.

8. We are working on a new book.

9. I work for a startup company.

10. She is busy. She is working on something these days.

11. Does this painkiller work quickly to relieve the pain?

12. It really does work well!

Unit 08 무적의 영단어 'be'

영어의 반은 동사가 들어간 문장이고 또 다른 반은 be동사가 들어간 문장입니다. 지금까지는 동사 단어들을 배워 봤으니 be동사(am, are, is)가 들어간 문장들을 배워보며 영어의 나머지 반을 완성해 보겠습니다. '~이다'라는 뜻의 be동사 활용법을 통하여 다양한 문장 표현들을 익혀보도록 할까요?

▶ 강의 영상 보기

 키위엔 입 트이는 영단어

 be 활용법 1 '걱정돼?'

Are you worried? 　　　　　걱정**돼**?

What **are** you worried about? 　뭐가 걱정**돼**?

 준쌤의 Tip 하나!

영어의 반이나 차지하는 be동사에 대해서 제대로 배우고 싶으시다면 우측의 QR코드를 스캔해서 키위엔의 레전드 강의를 시청해 보세요. 그동안의 궁금증이 모두 해결될 겁니다!

46 키위엔

실전 문장 연습하기

📖 be 활용법 2 '스트레스 받니?'

A **Are** you stressed? 스트레스 받니?
B Yes, I **am** stressed these days. 응, 요즘 스트레스 받아.

📖 be 활용법 3 '너 아프니?'

Are you sick? 너 아프니? (질병)
Are you hurt? 너 다쳤니? (통증)

📖 be 활용법 4 '~이다.'

Is he James? 그가 제임스니?
She **is** a student. 그녀는 학생이다.

• sick 아픈   • hurt 다친

실생활 영어 표현 익히기

한국어를 읽고 영어로 문장을 만들어 보세요.

1 비가 많이 오는 게 걱정돼.

2 그는 면접이 걱정돼요.

3 너는 무슨 걱정이 있니?

4 저는 업무량 때문에 스트레스를 받아요.

5 그녀는 요즘 왜 스트레스를 받나요?

6 넌 언제 행복하니?

7 나는 일주일 동안 감기로 아팠어.

8 그녀가 더 이상 아프지 않다고 들었어.

9 너 실망했니?

10 이 분은 존입니다.

11 저는 세라가 아닙니다. 그녀는 제 쌍둥이 자매예요.

12 여기 학생인가요? 아니면 이곳에 있으면 안 돼요.

 키위엔 Vocab

- **stressed** 스트레스 받은
- **workload** 업무량
- **disappointed** 실망한
- **twin sister** 쌍둥이 자매

영어 문장 확인하기

1. I'm worried about the heavy rain.
2. He is worried about his job interview.
3. What are you worried about?
4. I'm stressed about my workload.
5. Why is she stressed these days?
6. When are you happy?
7. I was sick for a week with a cold.
8. I heard she isn't sick anymore.
9. Are you disappointed?
10. This is John.
11. I'm not Sarah. She is my twin sister.
12. Are you a student here? If not, you can't be here.

Unit 09 무적의 영단어 'be' (part.2)

영어의 반은 be동사(am, are, is)가 들어간 문장입니다. 그리고 be동사는 '~이다'라는 뜻뿐만 아니라 '~에 있다'라는 뜻도 가지고 있습니다. 그래서 'I am home.'은 '내가 집이다.'가 아니라 '나는 집에 있다'라는 뜻이 되는 거죠. 그럼 내 영어의 경쟁력을 키워줄 be동사의 '위치 표현법'을 배워보겠습니다!

▶ 강의 영상 보기

 키위엔 입 트이는 영단어

📖 be 활용법 1 '나 ~에 있어.'

I **am** home.　　　　　나 집**이야**. (집에 **있어**)
They **are** outside.　　그들은 밖에 **있어**.

 준쌤의 Tip 하나!

be동사는 사람의 위치뿐만 아니라 차, 건물, 가방, 휴대폰 등 사물의 위치도 나타낼 수 있어요!

 Your bag **is** on the table.　　네 가방은 테이블 위에 **있어**.
　　　Your key **is** on the couch.　　네 키는 소파 위에 **있어**.

실전 문장 연습하기

📖 be 활용법 2 '그녀는 공항에 있어요.'

A **Is** she home? 그녀가 집에 있나요?

B **No**, she **is** at the airport. 아니요, 그녀는 공항에 있어요.

📖 be 활용법 3 '사물의 위치 나타내기'

Your cell phone **is** on the table. (평서문)
네 휴대폰 테이블 위에 있어.

Is my cell phone on the table? (의문문)
내 휴대폰이 테이블 위에 있니?

📖 be 활용법 4 '그거 차 안에 있나요?'

A **Is** it in the car? 차 안에 있어?

B **No**, it **is** not in the car. 아니, 차 안에 없네.

- airport 공항

실생활 영어 표현 익히기

한국어를 읽고 영어로 문장을 만들어 보세요.

1. 그들은 밖에 있니?

2. 그들이 왜 밖에 있어?

3. 네 차 열쇠는 책상 위에 있었어.

4. 알렌은 지금 여기 없습니다.

5. 커피숍은 2층에 있어요.

6. 메뉴를 볼 수 있을까요? 테이블에 없네요.

7. 아이들은 바닷가에 있어.

8. 그는 쇼핑몰에 있었어.

9. 너 주차장에 있니?

10. 마이크는 사무실에 없어요. 회의 중입니다.

11. 네 지갑을 찾았어. 내 차 안에 있었어.

12. 전화를 못 받아서 미안. 나 영화관에 있었어.

💬 키위엔 Vocab

- second floor 2층
- found 찾았다
- parking lot 주차장
- movie theater 영화관

영어 문장 확인하기

1. Are they outside?

2. Why are they outside?

3. Your car key was on the desk.

4. Allen is not here right now.

5. The coffee shop is on the second floor.

6. Can I see the menu? It's not on the table.

7. Kids are at the beach.

8. He was at the shopping mall.

9. Are you in the parking lot?

10. Mike is not in his office. He is in the meeting.

11. I found your wallet. It was in my car.

12. Sorry, I missed your call. I was in the movie theater.

Unit 10 무적의 영단어 'let'

'let'이라는 단어를 보면 무슨 뜻이 제일 먼저 떠오르시나요? 많은 분들이 'let's go'와 같은 표현이 생각나서 '~하자'라는 뜻으로 알고 계십니다. 하지만 let은 다양한 의미와 활용법을 가진 동사로 '허락하다' 또는 '~하게 해 주다'라는 의미로 사용되죠. 그럼 실생활에서 매우 유용하게 사용될 수 있는 let의 다양한 활용법들을 배워 보겠습니다.

 강의 영상 보기

🖉 키위엔 입 트이는 영단어

📖 **let 활용법 1** '내가 ~하게 해줘.'

Let me think first.
(내가) 먼저 생각 좀 하게 해줘.

Let me know if you need anything.
필요한 것이 있으면 나에게 알려줘.

💡 **준쌤의 Tip 하나!**

'let'의 과거는 'let'으로 현재형과 과거형이 동일하다는 점을 참고해 주세요. 그러므로 뜻은 '~하게 해 주다'와 '~하게 해 줬다'가 됩니다.

(ex) I let him go.   나는 그를 가게 해 준다. (현재)
I let him go.   나는 그를 가게 해 줬다. (과거)

실전 문장 연습하기

📖 let 활용법 2 '~해 줄게.'

I will let you know.
(내가) 너에게 알려 줄게.

I will let Brian know.
(내가) 브라이언에게 알려 줄게.

I will let her know you called.
네가 전화했었다고 그녀에게 알려 줄게.

📖 let 활용법 3 '~해줄 수 있어.'

Can you let them know?
그들에게 알려줄 수 있니?

I can't let this opportunity slip away.
난 이 기회를 놓칠 수 없어.

Can you let him know I'm here?
제가 이곳에 왔다고 그에게 알려줄 수 있나요?

- **opportunity** 기회 • **slip away** 사라지다

실생활 영어 표현 익히기

한국어를 읽고 영어로 문장을 만들어 보세요.

1. 먼저 생각 좀 해볼게.

2. 그녀는 내가 그녀의 휴대폰을 쓰게 해줬다.

3. 내 친구는 우리가 그의 집에 머무를 수 있게 해 줬다.

4. 회의는 다른 시간에 하죠.

5. 피곤하면 영화 보러 가지 말자.

6. 지금 포기하지 말자.

7. 돈 낭비하지 말자.

8. 너무 시끄러우면 알려줘.

9. 언제 점심 먹고 싶은지 알려줘.

10. 저희가 결과에 대해서는 최대한 빨리 알려 드리겠습니다.

11. 네가 여기 있다고 그녀에게 알려줄게.

12. 우리가 가는 길이라고 세라에게 알려줄 수 있어?

키위엔 Vocab

- **first** 첫째, 우선
- **loud** (소리가) 큰, 시끄러운
- **on** 누구의 **way to** ~로 가는 길인
- **waste** 낭비하다
- **ASAP** 최대한 빨리

영어 문장 확인하기

1. Let me think first.

2. She let me use her phone.

3. My friend let us stay at his house.

4. Let's do our meeting another time.

5. If you are tired, let's not go to a movie.

6. Let's not give up now.

7. Let's not waste our money.

8. Let me know if it is too loud.

9. Let me know when you want to eat lunch.

10. We will let you know about the result ASAP.

11. I will let her know you're here.

12. Can you let Sarah know we're on our way?

스페셜 강의

영어회화의 99%가 가능해 지는 어순 총정리

내 스스로 좋은 문장 표현들을 만들 수 있는 능력이 있었으면 좋겠죠? 모든 영어 어순을 한 번에 총정리해 드립니다. 키위엔 단어 위치 학습법을 통해 동사 단어 하나로 최대 36문장까지 가능해지는 기적을 직접 확인해 보세요!

▶ 강의 영상 보기

- 본 강의 내용은 『키위엔 영어회화 하루 5분의 기적』에서 모두 확인하실 수 있습니다.

평서문 어순:

주어	동사	목적어		
I	drink	coffee.	나는 커피를 마신다.	
I	drank	coffee.	나는 커피를 마셨다.	+4 문장
I	will drink	coffee.	나는 커피를 마실 것이다.	
I	can drink	coffee.	나는 커피를 마실 수 있다.	

부정문 어순:

주어	동사	목적어		
I	do not drink	coffee.	나는 커피를 마시지 않는다.	
I	did not drink	coffee.	나는 커피를 마시지 않았다.	+4 문장
I	will not drink	coffee.	나는 커피를 마시지 않을 것이다.	
I	can not drink	coffee.	나는 커피를 마실 수 없다.	

의문문 어순:

> \+ 주어 동사 목적어

Do you drink coffee? 너는 커피를 마시니?
Did you drink coffee? 너는 커피를 마셨니?
Will you drink coffee? 너는 커피를 마실 거니?
Can you drink coffee? 너는 커피를 마실 수 있니?

+4 문장

육하원칙 의문문 어순:

> \+ + 주어 동사 목적어

Where do you drink coffee?
너 어디서 커피를 마시니?

When do you drink coffee?
너 언제 커피를 마시니?

Why do you drink coffee?
너 왜 커피를 마시니?

Who do you drink coffee with?
너 누구랑 커피를 마시니?

최대 +24 문장

- 평서문 4문장, 부정문 4문장, 의문문 4문장, 육하원칙 의문문 최대 24문장
  → 총 36 문장 가능!!

PART 02

원어민이 매일 쓰는 실전 영어 표현

학교에서 책으로 배운 영어보다는 실제 미국인들 사이에서 사용되는 진짜 영어가 필요합니다. 원어민들은 짧은 문장으로 대화를 하며 쉬운 단어들을 활용해 소통을 합니다. 그러므로 Part. 02에서는 다양한 상황별 대화문과 함께 자연스러운 실전 영어 표현들을 배워보겠습니다.

Unit 11
나 완전 기절했었어.
'I passed out.'

너무 피곤해서 집에 오자마자 씻지도 않고 바로 잠이 들었을 때 "나 기절했었어."라고 하죠? 원어민들은 이 표현을 "I passed out."이라고 합니다. 원래 'pass out'은 '의식을 잃다'라는 뉘앙스로 '기절하다'라는 뜻이지만, 일상에서는 피곤해서 '기절하다' 또는 '곯아떨어지다'라는 표현으로 사용됩니다.

▶ 강의 영상 보기

 원어민 실전 영어표현

I passed out last night.
나 어젯밤에 (너무 피곤해서) 기절했어.

I almost passed out at work.
나 직장에서 거의 (너무 피곤해서) 잠들 뻔했어.

 준쌤의 Tip 하나!

'as soon as'는 '~하자마자'라는 뜻의 연결고리입니다. 'as soon as' 뒤에는 문장이 오는 것을 기억해 주세요!

(ex) I passed out as soon as I got home. 나 집에 오자마자 기절 했었어.

- **passed out** 기절했다(과거)
- **as soon as** ~하자마자

키위엔 단어 위치 학습법

영어 어순:

| 주어 | 동사 | 목적어 |

I **passed out** last night. 나 어젯밤에 기절했어.

실전 대화 연습하기

A I called you three times last night, but you didn't answer your phone. What happened?
내가 어제 세 번이나 전화했는데 전화 안 받더라. 무슨 일 있었어?

B Sorry, I **passed out** as soon as I got home.
미안. 집에 오자마자 기절했었어.

2
A Did you drink a lot last night?
어젯밤에 술 많이 마셨어?

B I think so. I don't remember when I **passed out**.
그런 것 같아. 나 언제 잠들었는지 기억이 나지 않아.

- **answer the phone** 전화받다

실생활 영어 표현 익히기

한국어를 읽고 영어로 문장을 만들어 보세요.

1 나 어젯밤 퇴근 후에 기절했어.

2 그는 TV를 보다가 소파에서 잠들었다.

3 세라는 항상 차에서 잠들어.

4 나 잠이 들어서 영화 엔딩을 놓쳤어.

5 나 기절할 것 같아. 어젯밤에 거의 잠을 못 잤거든.

6 나 마사지 받으면서 기절했었어.

일상 대화 준비하기

A 그 영화 좋았어?

B 아니, 너무 지루해서 바로 잠들었어.

A 정말? 나는 좋다고 생각했는데. 정말 재미있게 봤어.

B 난 그 영화를 끝까지 못 볼 거 같아.

키위엔 Vocab

- **couch** 소파
- **while** ~동안
- **right away** 곧바로
- **barely** 간신히, 거의 ~없이
- **will be able to** ~이 가능할 것이다

영어 문장 확인하기

1. I passed out last night after work.
2. He passed out on the couch while watching TV.
3. Sarah always passes out in the car.
4. I passed out and missed the ending of the movie.
5. I think I will pass out. I barely slept last night.
6. I passed out while getting a massage.

A Did you like the movie?
B No, it was boring. I passed out right away.
A Really? I thought it was good. I really enjoyed it.
B I don't think I will be able to finish that movie.

준쌤의 Tip 하나!

말 연습 방법: 영어 문장들을 가린 채로 앞 페이지의 한국어만 보고 영어로 말하는 연습을 해 보세요.

Unit 12

막 ~하려던 참이야.
'I am about to~'

생활 속 필수 표현 중 하나인 '막 ~하려던 참이다'는 영어로 어떻게 말할까요? 원어민들은 'be about to'라는 표현을 씁니다. 'be about to'는 '막 ~하려던 참이다'라는 뜻뿐만 아니라 '~하기 직전이다' 또는 '곧 ~할 것 같다'라는 뜻으로도 사용되는 데요. 그래서 '나 막 자려던 참이야.'는 영어로 'I am about to go to sleep.'이라고 합니다.

▶ 강의 영상 보기

 원어민 실전 영어표현

I am about to go eat lunch.
나 막 점심 먹으러 가려던 참이야.

We were about to start the meeting.
우리는 회의를 시작 하려던 참이었다.

 준쌤의 Tip 하나!

'be about to' 다음에는 동사 원형이 오니 이 점을 유의해 주세요. 또한 문장을 쉽게 만들기 위해서 'be about to 동사'까지를 그냥 하나의 동사로 보겠습니다.

키위엔 단어 위치 학습법

영어 어순 :

주어	동사	목적어

I **am about to** go.   나 막 가려던 참이야.
I **am about to** call. 나 막 전화하려던 참이야.
I **am about to** meet. 나 막 만나려던 참이야.

실전 대화 연습하기

1

A Where are you getting ready to go?
어디 가려고 준비 중이야?

B I **am about to** go eat lunch. Do you want to come?
막 점심 먹으러 가려던 참인데 너도 갈래?

2

A I want to get some fresh air. Let's go for a walk.
신선한 공기 좀 쐬고 싶어. 산책하러 가자.

B I think it **is about to** rain. We should stay inside.
내 생각엔 비가 오려는 것 같아. 안에 있는 게 좋겠어.

- **go for a walk** 산책하러 가다

실생활 영어 표현 익히기

한국어를 읽고 영어로 문장을 만들어 보세요.

1 나 곧 아빠가 될 거야.

2 나 곧 결혼할 것 같아.

3 나 금방 잠들 거 같아.

4 그 영화는 곧 시작하려고 해.

5 기차가 출발하려고 해.

6 그 식당은 곧 문을 닫으려고 해요.

7 너 떠나려던 참이니?

8 그녀는 무엇을 하려던 참인가요?

9 너 어디 가려던 참인데?

10 그 영화는 막 재미있어지려던 참이다.

11 나 방금 막 너에게 전화하려던 참이었어.

12 그는 곧 연설을 시작하려 합니다.

 키위엔 **Vocab**

- **get married** 결혼하다
- **leave** 떠나다, 출발하다
- **fall asleep** 잠들다
- **get interesting** 흥미로워지다

영어 문장 확인하기

1. I'm about to be a father.
2. I am about to get married.
3. I am about to fall asleep.
4. The movie is about to start.
5. The train is about to leave.
6. The restaurant is about to close.
7. Are you about to leave?
8. What is she about to do?
9. Where are you about to go?
10. The movie is about to get interesting.
11. I was just about to call you.
12. He is about to start his speech.

Unit 13

오늘은 내가 살게!
'It's on me today.'

친구 또는 지인과의 식사 후 "오늘은 내가 살게."라는 말을 하고 싶은데, 이 표현을 영어로는 어떻게 할까요? 있는 그대로 "I will buy today."라고 해도 상대가 알아들을 수는 있겠지만 원어민들은 "It's on me."라는 표현을 사용합니다. 여기서 'on me'는 '내가 부담하다'라는 의미인데요. 그럼 이를 활용한 실전 영어 표현들을 배워보겠습니다.

▶ 강의 영상 보기

 원어민 실전 영어표현

It's on me today!   오늘은 내가 쏠게!

Dinner **is on us** tonight.   오늘 저녁은 우리가 쏠게!

* It's = It is

 준쌤의 Tip 하나!

"이건 내가 살게."라는 의미로 "**It's on me.**"만큼 많이 사용되는 표현으로는 "**I got this.**"가 있습니다!

 No, I got this.   아니야, 이건 내가 살게.

키위엔 단어 위치 학습법

영어 어순:

주어	동사	목적어

It　　is on me　　today!　　오늘은 내가 살게!

실전 대화 연습하기

①

A Hey, we are all going out for pizza. Are you coming? It's on me.
우리 다 피자 먹으러 나가는 중인데 너도 같이 갈래? 내가 쏘는 거야.

B Of course, I'm coming.　당연하지. 나도 갈게.

②

A Thank you for helping me move. I want to treat you to dinner tonight.
이사 도와줘서 고마워. 오늘 저녁에 밥 사고 싶은데.

B Oh, you don't have to do that.　아, 괜찮아. 그럴 필요 없어.

A No, It's on me.　아냐, 내가 쏠게.

● **treat** 대하다, 대우하다　● **don't have to** ~하지 않아도 된다

실생활 영어 표현 익히기

한국어를 읽고 영어로 문장을 만들어 보세요.

1 오늘 저녁은 내가 살게.

2 한잔 하자. 내가 살게.

3 음식 고마워. 다음에는 내가 살게.

4 너한테 신세 졌어. 커피는 내가 살게.

5 그는 또 지각을 했기 때문에 점심은 그가 계산할 거야.

6 뭐 먹을래? 내가 살게.

7 오늘은 우리가 계산할 거니까 원하는 만큼 시켜.

 일상 대화 준비하기

A 네가 그 학교에 합격했다는 소식 들었어. 축하해!

B 고마워.

A 오늘 밤에 축하하자. 술은 내가 살게.

키위엔 Vocab

- **owe** 빚지고 있다, 신세를 지고 있다
- **order** 주문하다
- **as much as** ~하는 만큼
- **heard** (**hear**의 과거) 들었다

영어 문장 확인하기

1. Dinner is on me tonight.

2. Let's have a drink. It's on me.

3. Thank you for the food. It's on me next time.

4. I owe you one, the coffee is on me.

5. Lunch is on him because he was late again.

6. What will you have? I got this.

7. It's on us today, so order as much as you want.

A   I heard you got into that school. Congratulations!

B   Thank you.

A   Let's celebrate tonight. Drinks are on me.

Unit 14

오늘은 ~가 당기네!
'I feel like ~'

'오늘은 치킨이 당기네!'는 영어로 어떻게 말할까요? 원어민들은 어떤 것이 정말 하고 싶을 때 '무엇이 당긴다'라는 의미로 'feel like'를 사용합니다. 'feel like' 다음에는 '동사ing' 또는 '명사'가 오는데요. 그러면 어떤 일상 대화 표현들이 가능한지 함께 알아보겠습니다.

▶ 강의 영상 보기

 원어민 실전 영어표현

I feel like eating chicken tonight.
오늘 밤은 치킨이 당기는데!

Do you feel like drinking coffee?
너 커피 당기니?

 준쌤의 Tip 하나!

feel like 다음에는 '명사'가 올 수도 있다고 했죠?
그래서 "I feel like eating chicken."을 "I feel like chicken."이라고 해도 됩니다!
　　　　　　　　(동사ing)　　　　　　　　　　　(명사)

74 키위엔

키위엔 단어 위치 학습법

영어 어순 : ⬇

주어	동사	목적어

I **feel like** eat**ing**　　chicken!　　난 치킨이 당겨!(먹고 싶어)
I **feel like** watch**ing** a movie.　　영화 보는 게 당기네. (보고 싶어)

- 'feel like 동사ing'까지를 하나의 동사로 봐 줍니다.

실전 대화 연습하기

A What do you want to eat for dinner?
　　저녁으로 뭐 먹고 싶어?

B I **feel like** pasta. You?　　난 파스타가 당기네. 넌?

A Pasta sounds good!　　파스타 좋은데!

- 'Sounds good.'과 'Sounds great.'은 '좋은 생각이야.'라는 뜻입니다.

실생활 영어 표현 익히기

한국어를 읽고 영어로 문장을 만들어 보세요.

1. 한식이 당기네.

2. 오늘 뭐 하고 싶은 기분이니?

3. 어딘가 가고 싶은 기분이야.

4. 우리는 캠핑이 가고 싶어.

5. 오늘은 집에 있고 싶은 기분이야.

6. 걔 아이스커피가 당긴대.

7. 로맨틱 영화가 당겨.

8. 오늘 밤은 뭔가 재미있는 걸 하고 싶어!

9. 오늘은 혼자 있고 싶은 기분이야.

10. 난 좀 더 자고 싶었지만 일을 가야 했어.

11. 어디서 저녁 먹고 싶어?

12. 어떤 종류의 음악이 당기니?

 키위엔 **Vocab**

- **alone** 혼자
- **had to** ~해야 했다

영어 문장 확인하기

1. I feel like eating some Korean food.
2. What do you feel like doing today?
3. I feel like going somewhere.
4. We feel like going camping.
5. I feel like staying home today.
6. He feels like drinking iced coffee.
7. I feel like watching a romantic movie.
8. We feel like doing something fun tonight!
9. I feel like being alone today.
10. I felt like sleeping more, but I had to go to work.
11. Where do you feel like having dinner tonight?
12. What kind of music do you feel like listening to?

Unit 15
6시에 칼 퇴근해! 이건 서비스입니다!

이번 unit에서는 '칼퇴근하다'와 '서비스입니다'라는 표현을 배워보겠습니다. 식당에 가면 사장님께서 '서비스'라면서 음료수를 주시곤 하죠? 이를 영어로 표현할 때는 'service'라는 단어를 사용하지 않습니다. 그래서 "This is service." 역시 잘못된 표현인데요. 그럼 '서비스입니다.'는 영어로 어떻게 말하는지 알아보고, 동시에 또 다른 생활영어 표현인 '칼퇴근하다'도 함께 배워 보도록 하겠습니다.

▶ 강의 영상 보기

 원어민 실전 영어표현

I get off work at 6 sharp today!
나 오늘 6시에 칼퇴근해!

Can you get off work at 6 sharp?
너 6시 정각에 칼퇴근 할 수 있니?

 준쌤의 Tip 하나!

'sharp'는 '날카로운' 또는 '뾰족한'이라는 뜻입니다. 그래서 '퇴근하다'라는 뜻의 'get off work' 다음에 퇴근하는 '시간'과 'sharp'를 더해주면 '~시에 칼퇴근하다'라는 뜻이 되는 거죠!

 I get off work at 5 sharp. 나 5시에 칼퇴근해.

[get off work + at 시간 + sharp]

키 워엔 단어 위치 학습법

영어 어순:

주어	동사	목적어

I **get off work** at **6 sharp**. 나 6시에 칼퇴근해.

I **got off work** at **6 sharp**. 나 6시에 칼퇴근했어.

- got = get의 과거

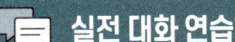 실전 대화 연습하기

1

A What time do you get off work? 넌 몇시에 퇴근해?

B I **get off work** at **6 sharp**. 난 6시에 칼퇴근해.

2

A Excuse me, but we didn't order this.
저기요, 저희 이거 주문 안 했는데요.

B This is **on the house**!
이건 서비스로 드리는 겁니다!

- 'on the house'의 'house'는 집이 아니라 레스토랑을 말합니다.

실생활 영어 표현 익히기

한국어를 읽고 영어로 문장을 만들어 보세요.

1 나는 아이들을 데리러 갈 수 있게 5시 정각에 퇴근해야 한다.

2 우리는 매주 금요일 항상 6시 정각에 퇴근해요.

3 그 식당 매니저가 우리에게 서비스로 디저트를 줬다.

4 그들은 우리에게 서비스로 음료를 줬다.

 일상 대화 준비하기

A 케빈, 일 언제 끝나?

B 나는 6시 정각에 퇴근해. 왜?

A 나 마이크랑 외식하고 있어. 너도 와. 여기 음식 엄청 많아.

B 응, 같게. 왜 그렇게 많이 주문했어?

A 많이 주문하지 않았어. 식당에서 몇 개는 서비스로 준거야. 빨리 와서 같이 먹자.

키위엔 Vocab

- **pick 누구 up** ~를 태우러 가다
- **eat out** 외식하다
- **dish** 접시, 요리
- **offer** 제공하다
- **plenty of** 풍부(충분)한 양의

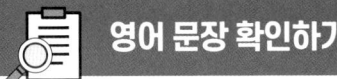 **영어 문장 확인하기**

1. I have to get off work at 5 sharp so I can pick up my kids.
2. We always get off work at 6 sharp on Fridays.
3. The restaurant manager offered us dessert on the house.
4. They served us drinks on the house.

A   Kevin, what time do you get off work?
B   I get off work at 6 sharp. Why?
A   I'm eating out with Mike. You should come. There's plenty of food here.
B   Okay, I will be there. Why did you order so much?
A   We didn't. Some of the dishes are on the house, so hurry up and join us.

Unit 16

헷갈리는 화장실 표현 정리
toilet / restroom / bathroom

'화장실'을 나타내는 영어 단어는 여러 가지가 있습니다. 대부분 화장실이라고 하면 'toilet'이라는 단어를 가장 많이 떠올리시는데요. 올바르고 정확한 표현을 구사하기 위해서는 'toilet'과 'restroom' 그리고 'bathroom'의 차이를 아는 것이 중요합니다. 나라마다 표현이 다를 수는 있으나, 미국과 캐나다에서는 주거 시설 밖에 있는 화장실(공동화장실)은 'restroom'이라고 하며 가정용 화장실 또는 욕실은 'bathroom'이라고 합니다.

▶ 강의 영상 보기

 원어민 실전 영어표현

Can I use the restroom? (공중화장실)
화장실을 사용해도 될까요?

vs

Can I use the bathroom? (가정용 화장실)
화장실을 사용해도 될까요?

 준쌤의 Tip 하나!

'toilet'은 영국에서 '화장실'이라는 표현으로 쓰이지만, 미국에서는 '변기'라는 뜻으로 쓰이니 참고해 주세요!

ex) Where is the toilet? 화장실이 어디있죠? (영국)
    Where is the restroom? 화장실이 어디있죠? (미국)

키위엔 단어 위치 학습법

영어 어순:

Where is the restroom? 화장실이 어디에 있죠?
Where is the bathroom? 화장실이 어디에 있죠?

실전 대화 연습하기

1

A Excuse me. Where is the restroom?　(식당에서)
　　실례합니다. 화장실이 어디에 있나요?

B Down the hall, to the left.
　　복도를 따라가시면 왼쪽에 있습니다.

2

A Is someone using the bathroom?　(집에서)
　　화장실에 누구 있어?

B No, I just came out of the shower.
　　아니, 내가 방금 막 샤워하고 나왔어.

실생활 영어 표현 익히기

한국어를 읽고 영어로 문장을 만들어 보세요.

1. 화장실 깨끗한가요?

2. 화장실을 못 찾겠어요.

3. 화장실은 2층에 있어요.

4. 내 방 옆에 화장실이 있어.

5. 너 화장실 청소했어?

6. 지금 누가 화장실 쓰고 있어?

7. 실례합니다. 이 근처에 화장실이 있나요?

8. 화장실이 어디 있는지 아시나요?

9. 화장실을 사용해도 될까요?

10. 저는 화장실을 가야 해요.

 키위엔 **Vocab**

- **clean** 깨끗한
- **near** 근처, 가까이

영어 문장 확인하기

1. Is the restroom clean?
2. I can't find the restroom.
3. The restroom is on the second floor.
4. The bathroom is next to my room.
5. Did you clean the bathroom?
6. Is anyone using the bathroom now?
7. Excuse me, is there a restroom near here?
8. Do you know where the restroom is?
9. May I use the restroom?
10. I need to go to the restroom.

Unit 17

내 말 무시하지마!
ignore vs look down

'무시하다'라고 하면 영어로 어떤 단어가 떠오르시나요? 'ignore'도 맞는 표현이지만 'look down'이라는 표현도 함께 알아야 합니다. 'ignore'이 못 본척하다는 의미의 '무시하다'라는 뜻이라면 'look down'은 상대방을 깔보는 뉘앙스의 '무시하다'라는 의미를 가집니다. 그럼 다양한 예문들을 통해 상황 별 '무시하다' 표현을 배워보겠습니다.

▶ 강의 영상 보기

 원어민 실전 영어표현

Stop ignoring me. I know you can hear me.
그만 좀 무시해. 내 말 들리는 거 다 알고 있어.

vs

Stop looking down on me.
날 무시하지마. (깔보지마)

 준쌤의 Tip 하나!

아직도 두 표현이 헷갈리시나요? 'ignore'은 상대가 어떤 말을 해도 반응을 보이지 않는다는 개념의 '무시하다'이고, 'look down'은 상대의 능력을 깔본다는 개념의 '무시하다'라고 생각하시면 돼요!

키워엔 단어 위치 학습법

영어 어순 :

| 주어 | 동사 | 목적어 |

Stop ignoring me.   무시하지마. (존재)
Stop looking down on me.   무시하지마. (능력)

- '주어'없이 '동사'로 문장을 시작하면 "~해!" 또는 "~하지마!"의 명령문이 됩니다.

실전 대화 연습하기

1
A Is he doing it again? He's so annoying.
걔 또 그러고 있어? 진짜 짜증나.

B You know he does that to get your attention. Just ignore him.
네 관심 끌려고 저러는 거 알잖아. 그냥 무시해.

2
A Mike, did you see my messages?
마이크, 내 문자 봤어?

B Sorry, I accidentally ignored them.
미안, 실수로 네 메시지를 무시했어.

- **get attention** 주의를 끌다
- **accidentally** 실수로, 뜻하지 않게

실생활 영어 표현 익히기

한국어를 읽고 영어로 문장을 만들어 보세요.

1 나는 그의 전화를 무시했다.

2 너는 왜 항상 나를 깔보니?

3 네가 나를 무시할 때 진짜 싫어.

4 무시하지 마. 나를 좀 존중해 줘.

5 그녀는 그의 문자 메시지를 무시했어요.

6 그는 사람들을 깔보는 경향이 있어.

7 이제부터 아무도 우리를 깔볼 수 없을 거야.

일상 대화 준비하기

A 어젯밤 파티에서 세라 봤어?

B 응, 내가 말 걸려고 했는데 모르는 척하던데.

A 이상하네. 너희 뭐 있었어?

B 아니, 걔가 왜 그러는지 모르겠어.

키위엔 Vocab

- **hate** 싫어하다
- **text message** 문자
- **from now on** 이제부터
- **respect** 존중, 존경심
- **tend to** ~하는 경향이 있다
- **strange** 이상한, 낯선

영어 문장 확인하기

1. I ignored his call.

2. Why do you always look down on me?

3. I hate it when you look down on me.

4. Don't look down on me. Show me some respect.

5. She ignored his text messages.

6. He tends to look down on people.

7. No one will be able to look down on us from now on.

A   Did you see Sarah at the party last night?

B   Yes, I tried to talk to her, but she ignored me.

A   That's strange. Something happened between you and her?

B   No, I don't know why she is acting like that.

Unit 18

귀찮아.
'I don't feel like it.'

"귀찮아."를 영어로는 어떻게 말해야 할까요? 사전을 찾아보면 'tiresome' 또는 'troublesome'이라는 단어가 나오는데요. 원어민들은 이 단어들을 '귀찮아'라는 표현으로 잘 사용하지 않습니다. 영어는 귀찮다는 말이 우리말처럼 딱 한 단어로 떨어지지 않는데요. 그렇다면 미국인들이 즐겨 쓰는 '귀찮아'의 표현들은 무엇인지 배워 보겠습니다!

▶ 강의 영상 보기

 원어민 실전 영어표현

I don't feel like it.
귀찮아.

He didn't feel like working today.
그는 오늘 일하기 귀찮았다.

 준쌤의 Tip 하나!

원어민들은 어떤 것이 하기 싫어 '귀찮다'라는 의미로 'can't be bothered'라는 표현도 많이 사용해요. 그래서 "I can't be bothered."라고 하면 '나 귀찮아'라는 문장이 완성되는 겁니다.

키위엔 단어 위치 학습법

영어 어순:

주어	동사	목적어

I **can't be bothered**.　　귀찮아.

- 'can't be bothered' 까지를 하나의 동사로 봅니다.

실전 대화 연습하기

A What's for dinner tonight?
오늘 저녁은 뭐야?

B I'm really tired. To be honest, I **can't be bothered** cooking tonight.
너무 피곤해. 솔직하게 말하면 오늘은 요리하기가 귀찮아.

A No problem. Let's eat out tonight.
괜찮아. 그럼 나가서 먹자.

- **to be honest** 솔직히 말해서　　• **eat out** 외식하다

실생활 영어 표현 익히기

한국어를 읽고 영어로 문장을 만들어 보세요.

1 나 오늘 일하기 귀찮아.

2 나 지금 귀찮아. (꼼짝하기 싫어)

3 배는 고픈데 먹기가 귀찮아.

4 미안, 전화받기가 귀찮았어.

5 그들은 요리하기 귀찮아서 피자를 주문했다.

6 나 바로 설거지하기가 귀찮아.

7 심부름하기 귀찮아.

 일상 대화 준비하기

A 오늘 헬스장 갈래?

B 아니, 정말 귀찮아.

A 왜 (안 가고 싶은데)?

B 모르겠어. 그냥 오늘은 귀찮아.

키위엔 Vocab

- **pick up the call** 전화받다
- **do errands** 심부름하다

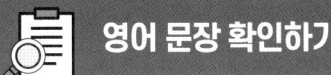 **영어 문장 확인하기**

1. I don't feel like working today.
2. I can't be bothered now.
3. I'm hungry, but I can't be bothered to eat.
4. Sorry, I couldn't be bothered to pick up the call.
5. They didn't feel like cooking, so they ordered pizza.
6. I can't be bothered to do the dishes right away.
7. I can't be bothered to do errands.

A Do you want to go to the gym today?
B No, I really can't be bothered.
A Why not?
B I don't know. I just don't feel like it today.

Unit 19 — '차에 타다'와 '택시에 타다'는 다르다?

'타다' 하면 영어로 어떤 단어가 떠오르시나요? 만약 'ride'라는 단어만 생각나신다면 이번 unit에서 배울 다양한 타다란 뜻의 영어 표현들에 집중해 주세요. 기본적으로 택시, 버스, 지하철 등 대중교통을 탈 때는 'take'라는 동사를 사용합니다. 하지만 이 '타다'의 개념은 교통수단을 '이용하다'라는 개념과 '승차하다'라는 개념으로 나뉘며 그에 따라 해당하는 영어 단어도 상이한데요. 그럼 상황별 '타다'의 올바른 표현법을 배워 보도록 하겠습니다.

▶ 강의 영상 보기

 원어민 실전 영어표현

타다(이용하다)	타다(승차하다)
take a taxi(cab)	**get in** a taxi/car
take a bus	**get on** a bus
take the subway	**get on** the subway

 준쌤의 Tip 하나!

'ride'라는 단어는 주로 자전거나 오토바이 등 바퀴가 두 개인 것을 '타다', 그리고 말이나 낙타 등 동물을 '타다'라고 할 때 쓰입니다. 이 점을 꼭 참고해 주세요!

(ex) I ride a bike to work. 난 자전거로 출근을 해.
She can ride a horse well. 그녀는 말을 잘 탈 수 있어요.

키워엔 단어 위치 학습법

영어 어순 :

주어	동사	목적어

I	will take	a taxi.	난 택시 타고 갈게.
I	will take	a bus.	난 버스를 탈 거야.

- 'take'가 '타다'라는 동사이듯이 'will take'도 '탈 것이다'라는 하나의 동사로 봅니다.

실전 대화 연습하기

1

A Do you need a ride?
   태워 줄까?

B No, I will just take a taxi.
   아니, 난 그냥 택시 타고 갈게.

2

A Jenny, did you get on the bus already?
   제니, 이미 버스 탔어?

B Not yet. Why?
   아니 아직. 왜?

A You left your wallet on the table.
   너 식탁위에 지갑 두고 갔어.

실생활 영어 표현 익히기

한국어를 읽고 영어로 문장을 만들어 보세요.

1 차에 타.

2 나 택시에 탔어.

3 나 버스 탈 거야.

4 그는 매일 아침 지하철을 타고 출근한다.

5 나는 더 이상 지하철을 타고 싶지 않아.

6 나 방금 버스를 탔어.

7 걱정 마. 기차 제시간에 탔어.

8 우리 지하철에 탔어.

9 나 방금 버스에서 내렸어.

10 나 곧 택시에서 내릴 거야.

11 버스를 탈 필요 없어. 걸을만한 거리거든.

12 내가 버스에서 내려서 전화할게.

 키위엔 **Vocab**

- **on time** 제시간에
- **get off** 내리다
- **walking distance** 걸어갈 수 있는 거리

 영어 문장 확인하기

1. Get in the car.
2. I got in the taxi.
3. I will take a bus.
4. He takes the subway to work every morning.
5. I don't want to take the subway anymore.
6. I just got on the bus.
7. Don't worry. I got on the train on time.
8. We got on the subway.
9. I just got off the bus.
10. I'm getting out of the taxi soon.
11. You don't need to take the bus. It's walking distance.
12. I will call you when I get off the bus.

Unit 20

전화 끊지 마!
'Don't hang up on me.'

'call'은 '전화를 걸다'라는 표현입니다. 하지만 일상에서는 '전화를 걸다'와 '전화를 받다' 이외에도 '전화를 끊다', '통화를 하다' 등 반드시 알아야 하는 표현들이 많이 있습니다. 그럼 이번 unit에서는 생활 영어의 필수인 '전화 영어' 표현들을 배워 보겠습니다.

▶ 강의 영상 보기

 원어민 실전 영어표현

A: **Hello?** 여보세요?

B: **Hi, Can I speak to David?**
안녕하세요. 데이비드와 통화할 수있을까요?

A: **This is David speaking.** 제가 데이비드입니다.

 준쌤의 Tip 하나!

정석은 "May I speak to David?"이지만 실제 대화에서는 "May I~?" 대신 "Can I~?"도 많이 사용한다는 것을 참고로 알아 두세요. 한 가지 팁을 더 드리자면 "제가 데이비드입니다."라는 표현의 "This is David speaking."을 간단히 줄여서 "Speaking."이라고만 해도 된답니다.

ex) A: Hi, Can I speak to David?   안녕하세요. 데이비드과 통화할 수 있을까요?
B: Speaking.   제가 데이비드입니다.

'전화 걸다' - call

I called you three times today.
내가 오늘 너한테 세 번이나 전화했어.

Can I **call** you later?
내가 이따 전화해도 될까?

'전화받다' - answer the phone

She doesn't **answer the phone** when she is in a meeting.
그녀는 미팅 중에는 전화를 받지 않습니다.

Please **answer the phone.**
제발 전화 좀 받아.

'통화하다' - talk on the phone

We **talked on the phone** for 6 hours yesterday.
우리는 어제 여섯 시간이나 통화를 했어.

I can't **talk on the phone** right now. Can you call me back?
지금은 통화할 수 없어. 이따가 다시 전화 줄 수 있니?

'전화 끊다' - hang up the phone

Don't **hang up** on me. I'm not done talking.
전화 끊지마. 나 얘기 다 안 끝났어.

Hang up the phone and do your homework!
전화 끊고 숙제해!

실생활 영어 표현 익히기

한국어를 읽고 영어로 문장을 만들어 보세요.

1 나 방금 그의 전화를 받았어.

2 잠시만 기다려 주실 수 있나요?

3 미안한데 통화가 끊기네.

4 좀 더 크게 말해 주실 수 있니? 통화가 끊기는 거 같아.

5 미안, 전화를 못 받았어.

6 운전 중이라서 전화를 못 받았어.

7 아직 전화를 끊지 마세요.

8 그녀한테 언제 전화가 왔었나요?

9 나 대신 전화 좀 받아 줄 수 있니?

10 그는 대화 중 갑자기 전화를 끊었어요.

11 시간이 있을 때 전화 줘.

12 금방 돌아올게. 상사한테 전화가 와서.

 키위엔 **Vocab**

- **hold on** 기다리다
- **break up** 전화가 끊기다
- **hang up** 전화를 끊다
- **hung up** 전화를 끊었다

영어 문장 확인하기

1. I just got a call from him.

2. Could you hold on a minute?

3. I'm sorry, you are breaking up.

4. Can you speak up, please? You're breaking up.

5. I'm sorry, I missed your call.

6. I couldn't take your call because I was driving.

7. Don't hang up yet.

8. When did you get a call from her?

9. Can you answer the call for me?

10. He just hung up on me in the middle of the conversation.

11. Call me when you have time.

12. I will be right back. I'm getting a call from my boss.

스페셜 강의

어순만큼 중요한 Do you~? Are you~? 구분법

▶ 강의 영상 보기

영어는 동사 문장과 be동사 문장으로 나뉩니다. 그리고 이 두 형식의 문장들도 결국 같은 문장의 틀 안에서 만들어지죠. 결국 영어 문장의 어순은 동사가 들어간 문장이든 be동사가 들어간 문장이든 '주어+ 동사+ 목적어'가 되는 것이고 이것만 알면 더 이상 문법을 외우지 않아도 쉽게 원하는 문장을 만들 수 있습니다.

<동사 문장>

+	+	주어	동사	목적어
		I	go	home.
		I	do not go	home.
	Do	you	go	home?
When	do	you	go	home?

한국어 뜻 : 나는 집에 간다.
　　　　　 나는 집에 가지 않는다.
　　　　　 너는 집에 가니?
　　　　　 너는 언제 집에 가니?

- 본 강의 내용은 『키위엔 영어회화 하루 5분의 기적』에서 모두 확인하실 수 있습니다.

\<be동사 문장\>

+	+	주어	동사	목적어
		I	am happy	today.
		I	am not happy	today.
	Are	you	happy	today?
When	are	you	happy?	

한국어 뜻 : 나는 오늘 행복하다.
나는 오늘 행복하지 않다.
너는 오늘 행복하니?
너는 언제 행복하니?

PART 03

내 영어의 시작 :
기본만 알아도 대화가 된다.
- 1부 -

영어는 배우는 순서가 중요합니다. Part. 01에서는 영어로 회화가 되기 위해 필수인 단어들을 먼저 알아봤고, Part. 02 에서는 원어민식 생활 영어 표현들을 통하여 꼭 필요한 문장 표현들을 익혔습니다. 이제 '대화'라는 최종 단계를 준비할 차례인데요, 이번 Part. 03에서는 자연스러운 대화를 가능하게 해주는 필수 문장들과 실전 대화 노하우를 배워보겠습니다. 일상 대화가 영어로 가능해지는 기분 좋은 경험을 해 보세요!

Unit 21

How are you? vs How are you doing?

대화는 서로의 안부를 묻는 것으로 시작됩니다. 상대에게 '어떻게 지내?' 또는 '잘 지내지?'라며 안부를 묻는다면 영어로 어떻게 말해야 할까요? "How are you?"도 좋지만 격식을 차리지 않아도 되는 사이라면 "How are you doing?"이나 "How is it going?"을 사용합니다. 그럼 상황별 안부 인사 표현법을 배워 자연스러운 대화를 시작해 볼까요?

▶ 강의 영상 보기

 Real 영어회화 표현

How are you doing?	어떻게 지내니?
How is it going?	잘 지내?

 준쌤의 Tip 하나!

"How are you?"는 기분이 어떤지, 몸 상태가 어떤지, 그리고 잘 지내고 있는지를 묻는 표현으로 "잘 지내시죠?"와 같은 맥락의 질문입니다. "How are you doing?"보다 격식을 차린 정중한 표현으로 사용될 수 있으므로 처음 만나는 사람이나 회사 내에서 또는 공식적인 자리에서 나누는 인사 표현으로도 적합합니다.

📘 실전 문장 연습하기

📖 안부 묻기

How are you?	잘 지내시죠?
How are you?	몸은 좀 어때?/ 기분은 좀 어때?

📖 주제를 포함한 안부 묻기

How is your **business** going?	사업은 잘 되시나요?
How is your **school** going?	학교는 잘 다니고 있니?

📖 캐주얼하게 안부 묻기 #1

A What's up?   안녕? 별일 없지?
B Not much. (Nothing much.) 별일 없어.

- "What's up?"은 '안녕?' '뭐해?' '별일 없지?'등 다양한 표현으로 사용됩니다.

📖 캐주얼하게 안부 묻기 #2

A What's going on?   어떻게 지내?
B Not much. (Nothing much.) 별거 없지.

실생활 영어 표현 익히기

한국어를 읽고 영어로 문장을 만들어 보세요.

1. 별일 없으시죠?

2. 네 어머니는 어떻게 지내시니?

3. 회사일은 어떻게 되어가고 있어?

4. 주말은 어땠어?

5. 오늘 기분은 어때?

💬 일상 대화

A 오늘 하루 어때?

B 별로 좋지 않아. 자다가 아파서 깼어.

A 안됐네. 오늘은 쉬는 게 좋겠다.

B 응, 그럴 것 같아. 오늘 일정을 다 취소했어.

A 잘했네. 물 많이 마시고 푹 쉬어.

B 고마워.

🗨 키위엔 Vocab

- **wake up** 일어나다
- **cancel** 취소하다
- **get rest** 휴식을 취하다

영어 문장 확인하기

1. How is everything?

2. How is your mom doing?

3. How are things going at work?

4. How was your weekend?

5. How are you feeling today?

A　How's your day going so far?

B　Not so good. I woke up feeling sick.

A　I'm sorry to hear that. You should rest today.

B　Yes, I think I will. I canceled my plans for today.

A　That's good. Drink plenty of water and get some rest.

B　Thanks.

 준쌤의 Tip 하나!

말 연습 방법: 영어 문장들을 가린 채로 앞 페이지의 한국어만 보고 영어로 말하는 연습을 해 보세요.

Unit 22

"I'm fine, thank you. And you?" 이제 그만!

상대가 "How are you?"라고 물으면 뭐라고 대답하죠? 원어민들은 "I'm fine, thank you. And you?"라고 하지 않습니다. 더욱 자연스러운 표현으로는 "I'm great.", "I'm good.", "I'm doing well." 등이 있으며, 또한 "How are you?"라고 되물어 주면 자연스럽게 대화를 이어갈 수 있습니다. 이외에도 '좋을 때'와 '나쁠 때' 등 상황에 따라 다양하게 대답할 수 있습니다.

▶ 강의 영상 보기

Real 영어회화 표현

📖 기분이 좋을 때

A How are you today?

B **I'm great.** How are you?   아주 좋아. 넌?
    I'm good. What's going on?   좋아. 별일 없지?

💡 준쌤의 Tip 하나!

"How are you?"라는 질문에 대답하면서 '상대'의 안부를 되물을 때는 "And you?"보다는 다시 "How are you?"라고 되물어 주거나 또는 "How about you?"를 사용해 주는 것이 자연스럽습니다. 이점을 참고해 실전 대화에 사용해 보세요!

📣 실전 문장 연습하기

📖 기분이 꽤 괜찮을 때

A How are you?
B **Pretty good.** How about you?   좋아. 너는 어때?

📖 기분이 나쁘지 않을 때

A How are you?
B **Not bad.** How are you?   나쁘지 않아. 잘 지내지?

📖 그 외 다양한 표현들

A How are you doing?
B I'm doing **fine**.   좋아.
   I'm doing **well**.   잘 지내고 있어.
   I'm doing **alright**.   괜찮아.

실생활 영어 표현 익히기

한국어를 읽고 영어로 문장을 만들어 보세요.

💬 일상 대화 #1

A   어떻게 지내?

B   잘 지내. 너는 어때?

A   나도 괜찮아. 어디 가는 길이야?

B   응, 일하러 가는 길이야.

A   그렇구나. 직장에서 좋은 하루 보내.

💬 일상 대화 #2

A   오늘 하루 어때?

B   그냥 그래. (더 좋을 때가 있었지.)

A   무슨 일 있어?

B   어젯밤에 차 사고가 났어.

A   이런! 다친 데는 없어? 괜찮은 거야?

B   나는 괜찮은데 내 차가 완전 망가졌어. 그리고 그 사고는 전부 내 책임이야.

🔑 키위엔 Vocab

- **on** 누구의 **way to** ~으로 가는 길에
- **get hurt** 다치다
- **total** (차가) 완전히 망가지다
- **fault** 잘못

영어 문장 확인하기

A How's it going?

B Pretty good. How about you?

A I'm doing alright too. Are you going somewhere?

B Yes, I'm on my way to work.

A I see. Have a great day at work.

A How are you today?

B I've been better.

A What's wrong?

B I got into a car accident last night.

A Oh no! Did you get hurt? Are you okay?

B I'm fine, but I totaled my car. And the accident was all my fault.

Unit 23 'Nice to meet you.'는 '반가워'가 아니다?

누군가를 오랜만에 만나서 "반갑다."라고 할 때 "Nice to meet you."는 잘못된 표현입니다. "Nice to meet you."는 처음 만난 상대에게만 사용하는 표현이기 때문이죠. 이미 알고 있는 사이에서 '만나서 반갑다'라고 할 때는 'meet' 대신 'see'를 사용해, "Nice to see you again." 또는 "Good to see you again."이라고 하는 것이 맞습니다. 그럼 그동안 잘못 알고 있었던 표현들을 올바른 표현으로 교정해 보겠습니다.

▶ 강의 영상 보기

 Real 영어회화 표현

 처음 만난 사이

A Hi, I'm Brian. **Nice to meet you.**
안녕, 난 브라이언이야. 만나서 반가워.

B **Nice to meet you.** I'm Jenny.
만나서 반가워. 난 제니야.

 준쌤의 Tip 하나!

"Nice to meet you."는 상대를 처음 만났을 때 쓰는 표현이며, "Nice meeting you."는 헤어질 때 "만나서 반가웠어."라는 '작별인사'의 표현입니다. 앞으로는 상황에 맞는 올바른 표현을 사용해 보세요!

실전 문장 연습하기

이미 아는 사이

A **Nice to see you again.** 만나서 반갑다.
B **You, too.** 나도.

- "It's good to see you again, too."를 줄여서 "You too."라고도 할 수 있습니다.

헤어질 때 인사법 #1

A **Nice meeting you.** 만나서 반가웠습니다.
B **It was nice meeting you, too.** 저도 만나서 반가웠습니다.

헤어질 때 인사법 #2

A **It was good to see you again!** 만나서 반가웠어!
B **Same here!** 나도!

실생활 영어 표현 익히기

한국어를 읽고 영어로 문장을 만들어 보세요.

💬 일상 대화 #1

A 너 에이미 처음 만나는 건가?

B 응, 맞아! 만나서 반가워요. 존이에요.

C 저도 만나서 반가워요. 에이미예요.

B 존한테 얘기 많이 들었어요.

💬 일상 대화 #2

A 마이크! 다시 봐서 반가워.

B 나도! 너 오늘 정말 멋져 보이는데.

A 고마워. 비행은 어땠어?

B 너무 좋았어. 비즈니스석은 처음 타봤는데 정말 편했어.

 키위엔 **Vocab**

- **flight** 비행
- **comfortable** 편안한

영어 문장 확인하기

A   Is this your first-time meeting Amy?

B   Yes, it is! Nice to meet you. I'm John.

C   Nice to meet you too! I'm Amy.

B   I've heard a lot about you from John.

A   Hey, Mike! Good to see you again.

B   Same here! You look great today.

A   Thank you. How was the flight?

B   I loved it. It was my first-time flying business class, so it was so comfortable.

Unit 24
'Me too'는 '나도'가 아니다?

영어로 '나도'는 어떻게 말해야 할까요? 'Me too.'도 맞는 표현이지만 상황에 따라서 원어민들은 'You too.'라고도 합니다. 예를 들어 "나도 사랑해."는 "I love you, too."라고 하는데 이 문장을 줄인다면 문법적으로는 앞에 있는 'I love'가 생략되면서 'You too.'가 올바른 표현이 되는 거죠. 그럼 영어 회화에 필수적인 이 개념을 다양한 예문들을 통해 확실히 이해해 보도록 하겠습니다.

▶ 강의 영상 보기

🖊 Real 영어회화 표현

📖 '나도' = 'You, too.'

A I love you.
사랑해.

B I love you, too. = You, too.
나도 사랑해. (나도)

💡 준쌤의 Tip 하나!

보편적으로 문장의 끝에 'you'가 있으면 'you too.' 그리고 'you'가 없으면 'me too'를 사용해 준다고 생각해 주시면 헷갈리지 않고 올바른 표현을 쉽게 사용할 수 있습니다!

(ex) I love you, too. = You, too.   I am hungry, too. = Me, too.
　　 나도 사랑해 = 나도.　　　　　　　 나도 배고파. = 나도.

실전 문장 연습하기

📖 '나도' = 'You, too.'

A I miss you.   보고 싶어.
B I miss you, too. = You, too.   나도 보고 싶어. (나도)

📖 '나도' = 'Me, too.'

A I'm hungry.   나 배고파.
B I'm hungry, too. = Me, too.   나도 배고파. (나도)

📖 '나도' = 'Me, too.'

A I hate it!   난 그게 싫어!
B I hate it, too. = Me, too.   나도 그게 싫어. (나도)

- 문법적으로는 "I love you, too."를 줄이면 "You, too."가 맞지만 일상회화에서는 "Me, too."도 사용되며 "I love you, too." 또는 "Love you, too."를 사용할 것을 권장합니다.

실생활 영어 표현 익히기

한국어를 읽고 영어로 문장을 만들어 보세요.

💬 일상 대화 #1

A 주말 잘 보냈어?

B 너무 좋았어. 난 아이들과 함께 시간 보냈어. 너는?

A 나는 친구들과 등산 갔다 왔어. 내 취미 중 하나야.

B 나도 그런데! 일주일에 한번은 등산 가려고 해.

A 언제 함께 등산하러 가면 너무 좋겠다.

💬 일상 대화 #2

A 생일 축하해! 좋은 하루가 되길 바라.

B 너무 고마워. 너도.

A 생일인데 특별한 계획 있어?

B 아니, 그냥 가족들과 외식할 거야. 내일 아침에 일찍 출근해야 해.

A 그렇구나. 나는 케빈이랑 한잔 하려고. 관심 있으면 연락 줘.

🔑 키위엔 Vocab

- **spent** (spend의 과거) 보냈다, 썼다
- **once a week** 일주일에 한번
- **go hiking** 등산가다
- **hit 누구 up** ~에게 연락하다

영어 문장 확인하기

A How was your weekend?

B It was great. I spent time with my kids. You?

A I went hiking with my friends. It is one of my hobbies.

B Me, too! I try to go hiking once a week.

A We should go hiking together one day.

A Happy birthday! I hope you have a great day.

B Thank you so much! You too!

A Do you have any special plans for your birthday?

B No, I'm just going to eat out with my family. I have to go to work early tomorrow morning.

A I see. I'm going to have a drink with Kevin. If you are interested, hit me up.

Unit 25

'Thank you.'에 'You're welcome.'이 최선일까요?

고맙다는 말에 어떻게 대답하면 좋을까요? 물론 "You're welcome."도 가능하지만 이외에도 센스 있는 대답들이 많이 있습니다. 그럼 원어민들은 실제 상황에서 어떤 표현들을 사용하는지 알아보겠습니다.

▶ 강의 영상 보기

 Real 영어회화 표현

 캐주얼하게 답하기

A Thanks for the help today.
오늘 도와줘서 고마워.

B No problem.
고맙기는 뭘.

 준쌤의 **Tip** 하나!

상대방의 "Thank you."에 나도 "Thank you."로 대답해 주는 방법도 있습니다. 예를 들어, 손님이 '감사합니다.'라고 하면 나도 손님에게 '감사합니다.'라고 하는 거죠. 이러면 서로가 기분이 좋아질 수밖에 없겠죠?!

(ex) A: Thank you. 감사합니다.
　　　B: Thank you. 제가 감사하죠.

📖 실전 문장 연습하기

📖 캐주얼하게 답하기 #1

A Thank you.　　　　　고마워.
B **Anytime.**　　　　　언제든지.

📖 캐주얼하게 답하기 #2

A Thank you.　　　　　고마워
B **Don't mention it.**　별 거 아니에요.

📖 격식 있게 답하기 #1

A Thank you.　　　　　감사합니다.
B **It's my pleasure.**　도움을 드릴 수 있어 기쁩니다.

- "It's my pleasure."을 줄여서 "My pleasure."이라고도 할 수 있습니다.

📖 격식 있게 답하기 #2

A Thank you so much!　정말 감사해요!
B **You're very welcome.**　천만의 말씀이십니다.

실생활 영어 표현 익히기

한국어를 읽고 영어로 문장을 만들어 보세요.

일상 대화 #1

A 파스타 더 줄까?

B 괜찮아. 지금 너무 배불러.

A 정말? 음식은 아주 많아.

B 응, 숨도 제대로 못 쉬겠어. 맛있는 음식 고마워.

A 언제든지! 난 내가 한 요리를 남들이 맛있게 먹는 걸 보는 게 좋아.

일상 대화 #2

A 내가 없는 동안에 강아지를 돌봐줘서 고마워.

B 도울 수 있어 기뻐. 내가 동물을 엄청 좋아하잖아. 그래서 즐거웠어.

A 강아지들이 너와 지내는 게 행복하고 편안해 보이더라.

B 항상 도와줄 수 있으니까 다음에도 편하게 물어봐.

키위엔 Vocab

- **full** 배부른
- **seem** ~인 것처럼 보인다
- **feel free to** 동사 ~을 편하게 하다
- **breathe** 숨 쉬다
- **pleasure** 기쁨, 즐거움

영어 문장 확인하기

A   Do you want more pasta?

B   I'm good. I'm so full right now.

A   Are you sure? We got plenty of food.

B   Yes, I can't even breathe right now. Thank you for the delicious food.

A   Anytime! I love cooking for others and seeing them enjoy it.

A   Thank you for taking care of my dogs while I was away.

B   It's my pleasure! I love animals, so it was fun.

A   They seemed so happy and comfortable staying with you.

B   I'm always here to help so feel free to ask next time too.

Unit 26 매너 있게 거절하기

상대방의 호의를 거절할 때 '괜찮습니다'는 영어로 어떻게 말할까요? "No, thank you."도 좋지만 "I'm fine. Thank you."나 "That's okay. Thank you."라는 부드럽고 매너 있는 표현들을 사용할 수도 있습니다. 그럼 원어민들이 상대의 호의를 거절할 때 사용하는 상황별 표현들을 배워 보겠습니다.

▶ 강의 영상 보기

 Real 영어회화 표현

 자연스러운 거절 표현

I'm fine. Thank you.
괜찮습니다. 감사해요.

That's okay. Thank you.
그러실 필요 없어요. 감사합니다.

 준쌤의 Tip 하나!

영어는 같은 말도 어떻게 하느냐에 따라 뉘앙스 차이가 클 수도 있습니다. 예를 들어 "No, thank you."도 강하게 끊어서 말하면 단호하며 직설적인 거절 표현으로 들릴 수도 있고, 반대로 웃으며 부드럽게 말하면 상대방을 배려한 거절의 표현이 될 수 있는 거죠.

실전 문장 연습하기

📖 자연스러운 원어민 표현 #1

A Do you want some pizza?   피자 좀 먹을래?

B I'm good. Thank you.   나 괜찮아. 고마워.

- "I'm good."은 "저는 괜찮아요."라는 뜻도 됩니다.

📖 자연스러운 원어민 표현 #2

A Do you want to grab a cup of coffee?
커피 한잔 마실래요?

B I'm good. I just had one with lunch.
전 괜찮아요. 방금 막 점심식사 하면서 마셨어요.

📖 격식 있는 원어민 표현 "Thank you for 무엇, but…"

Thank you for the offer, but I'm good.
제안은 감사하지만 괜찮습니다.

Thank you for the invite, but I have plans.
초대해 주셔서 감사하지만 제가 약속이 있습니다.

- 선약이 있다는 개념의 '약속'은 'promise'가 아니라 'plan'을 사용합니다.

실생활 영어 표현 익히기

한국어를 읽고 영어로 문장을 만들어 보세요.

💬 일상 대화 #1

A 나 쇼핑몰 갈 거야. 너도 같이 갈래?

B 난 괜찮아. 나중에 케빈이랑 만나야 돼.

A 몇 시쯤 나갈 거야?

B 우리 6시쯤 만날 거야. 왜?

A 그럼 나 좀 쇼핑몰에 내려줄 수 있어?

B 물론이지. 5시 30분까지 준비해.

💬 일상 대화 #2

A 버스 정류장까지 태워다 줄까?

B 아니야, 괜찮아. 오늘은 내 차 가지고 왔어.

A 정말? 드디어 운전면허 딴 거야?

B 응, 지난주에 땄어. 아직 혼자서 운전하는 것이 무서워.

A 걱정 마. 금방 익숙해질 거야.

B 나도 그랬으면 좋겠어. 조언 고마워.

💬 키위엔 Vocab

- **mall** 상가단지, 쇼핑몰
- **drop 누구 off** ~를 내려주다
- **get used to** 익숙해지다
- **meet up with 누구** ~와 만나다
- **brought** (**bring**의 과거) 가져왔다

영어 문장 확인하기

A   I'm going to go to the mall. Do you want to go?

B   I'm good. I have to meet up with Kevin later.

A   What time are you leaving?

B   We are going to meet around 6. Why?

A   Can you drop me off at the mall then?

B   Sure, get ready by 5:30.

A   Do you need a ride to the bus stop?

B   No, I'm okay. I brought my car today.

A   Really? Did you finally get your Driver's License?

B   Yes, I got it last week. I'm still scared driving by myself.

A   Don't worry. You will get used to it right away.

B   I hope so. Thank you for the advice.

PART 03

내 영어의 시작 : 교정이 시급한 영어 표현! - 2부 -

Part.03 2부에서는 한국인들이 오랫동안 잘못 사용해 오고 있는 교정이 시급한 영어 표현들을 알아보겠습니다. 올바른 영어 표현들을 배워 내 영어에 자신감을 더해 보세요!

Unit 27
come 오다, go 가다 아니에요!

'come'은 '오다' 'go'는 '가다'로 외우면 안 됩니다. 그 이유는 영어와 한국어의 기준이 다르기 때문인데요. 영어는 대화 중인 상대와 내가 가까워지는 것이면 'come'을 사용하고 반대로 대화 중인 상대와 내가 멀어지는 것이면 'go'를 사용합니다. 그러므로 "나 지금 가고 있어."는 내가 상대가 있는 곳으로 가면서 상대와 내 거리가 가까워지는 것이니까 "I'm coming."이 되는 것이죠.

▶ 강의 영상보기

Real 영어회화 표현

A Are you coming?
오는 중이니?

B Yes, I'm coming.
응, 나 가고 있어.

💡 준쌤의 Tip 하나!

내가 말하면서 상대와 거리가 가까워 지는 거면 'come'을 사용하고 반대로 상대와 거리가 멀어지는 것이면 'go'를 사용해 줘야 한다고 했죠? 그래서 "저리가."는 "**Go away.**"라고 하고 "이리와"는 "**Come here.**" 이라고 하는 거랍니다.

ex Go away!   저리가! (나한테서 멀어져!)
　　　 Come here. 이리와. (나한테서 가까워져.)

실전 문장 연습하기

상황 1 엄마와 전화 통화를 하며 다음 주에 뵈러 가겠다고 한다.

Mom, I'm coming next week.   엄마, 저 다음 주에 가요.

상황 2 집에서 룸메이트에게 다음 달에 부산을 가게 되었다고 한다.

I'm going to Busan next month.   나 다음 달에 부산 가.

상황 3 집 앞에 도착한 친구들이 초인종을 눌러 '나갈게'라고 한다.

Yes, I'm coming.   응, 나갈게.

상황 4 한국에 놀러 온 친구에게 언제 미국으로 돌아가는지 물어본다.

When are you going back to America?
미국은 언제 돌아가는 거야?

상황 5 식당에서 손님들이 주문하려고 할 때 '금방 갈게요.'라고 한다.

Hold on a second. I'm coming.
잠시만 기다려 주세요. 갈게요.

실생활 영어 표현 익히기

한국어를 읽고 영어로 문장을 만들어 보세요.

💬 일상 대화 #1

A   어디야?

B   가는 중이야. 5분만. 방금 버스에서 내렸어.

A   서둘러야 해. 모두 널 기다리고 있어.

B   미안해. 내가 집에서 일찍 나왔는데 버스를 잘못 탔어.

A   흠... 최대한 빨리 오려고 노력해봐.

B   알겠어. 곧 봐.

💬 일상 대화 #2

A   션, 한국에는 언제 왔어?

B   케이트. 나 지난 주에 한국에 도착했어. 여전히 시차적응 때문에 고생 중이야.

A   나도 한국에 왔을 때 그랬는데. 곧 익숙해질 거야.

B   그러길 바라. 그건 그렇고 넌 언제 다시 뉴욕으로 돌아가?

A   나는 여기에 3달동안 있을 계획이야. 너는?

B   난 2주동안만 있을 거야.

💬 키위엔 Vocab

- **get off the bus** 버스에서 내리다
- **as soon as possible(ASAP)** 최대한 빨리
- **jet lag** 시차증
- **left (leave**의 과거**)** 떠났다
- **suffer** 시달리다, 고통받다

영어 문장 확인하기

A   Where are you?

B   I'm coming. Give me 5 more minutes. I just got off the bus.

A   You should hurry up. Everyone is waiting for you.

B   I'm sorry. I left home early, but I got on the wrong bus.

A   Well… Try to come here as soon as possible.

B   Got it. I will see you soon.

A   Sean, when did you come to Korea?

B   Hey, Kate. I got here last week. I'm still suffering from jet lag.

A   Same thing happened to me when I came to Korea. You will get used to it soon.

B   I hope so. By the way, when are you going back to New York?

A   I'm planning to stay here for 3 months. How about you?

B   I'm only staying here for two weeks.

Unit 28
'기대하다'는 expect가 아니에요!

'기대하다'라고 하면 영어로 어떤 단어가 떠오르시나요? 많은 분들이 '기대하다'라고 알고 있는 'expect'는 '기대하다'가 아니라 '예상하다' 또는 '예상되다'라는 뜻입니다. 어떤 특별한 일로 인해 설레고 기대가 된다면 'look forward to'와 'cannot wait'라는 표현을 사용해 보세요!

▶ 강의 영상 보기

 Real 영어회화 표현

I'm looking forward to meeting you.
저는 당신을 만나는 것이 기대돼요.

I'm looking forward to the summer vacation!
저는 이번 여름 휴가가 기대돼요!

 준쌤의 Tip 하나!

'기대하다'의 대표적인 표현인 'look forward to'는 실제 대화에서 'be ing'와 함께 자주 사용됩니다. 'be ing'는 '~하는 중이다/ ~하고 있다'라는 뜻으로, 'look forward to'와 'be ing'가 합쳐지면 '기대하고 있어요.'라는 뉘앙스가 완성되는 거죠.

ex) look forward to + be ing = be looking forward to
　　　기대하다　　　~하고 있다　　기대하고 있다

 실전 문장 연습하기

📖 look forward to + '동사ing' or '명사'

I'm looking forward to working with you.
저는 당신과 일하는 것이 기대돼요.

I'm looking forward to it!
그것이 기대돼요!

- 'look forward to' 다음에는 '동사ing' 또는 '명사'가 올 수 있습니다.

📖 can't wait to 기다릴 수 없을 만큼 기대된다

I can't wait to see you!
널 만나는 게 너무 기대돼!

I can't wait to see her tomorrow!
그녀를 내일 만나는 게 너무 기대돼요!

📖 expect 예상하다

I didn't expect to see you here.
널 여기서 볼 거라고 생각(예상) 못 했어.

I didn't expect this coming.
저는 이건 예상하지 못 했어요.

실생활 영어 표현 익히기

한국어를 읽고 영어로 문장을 만들어 보세요.

1. 나는 여름 휴가를 기대하고 있어.

2. 그녀는 그를 다시 만나기를 기대하고 있어요.

3. 나는 다음 에피소드를 기대하고 있어요.

4. 난 이번 주말 콘서트를 기대하고 있어.

5. 그녀는 당신과 함께 일하는 것을 기대합니다.

6. 우리는 다음 주 해변에 가는 것이 기대돼요.

7. 제니퍼는 그녀의 결혼식 날을 정말로 기대하고 있어요.

8. 우리는 그 새로운 레스토랑에서 빨리 식사해 보고 싶어요.

9. 그는 이번 주말에 친구들을 만나는 게 너무 기대돼요.

10. 우리는 새 집으로 이사하는 것을 기대하고 있어요.

11. 부모님은 다음 달에 유럽을 여행하는 것을 기대하고 있어요.

12. 나는 내 사업을 시작하는 게 너무 기대돼.

 키위엔 Vocab

- **try** 시도하다
- **move into** ~로 이사하다
- **excited** 신이 난, 들뜬

 **영어 문장 확인하기**

1. I am looking forward to the summer vacation.

2. She is looking forward to seeing him again.

3. I am looking forward to the next episode.

4. I am looking forward to the concert this weekend.

5. She is looking forward to working with you.

6. We're looking forward to going to the beach next week.

7. Jennifer is really looking forward to her wedding day.

8. We can't wait to try that new restaurant.

9. He can't wait to meet his friends this weekend.

10. We're excited to move into our new house.

11. My parents are excited to travel Europe next month.

12. I'm excited to start my own business.

Unit 29 '예약하다' appointment vs reservation

'예약'은 영어로 'appointment'와 'reservation'이라는 단어를 사용합니다. 하지만 이 두 단어는 서로 다른 의미와 목적으로 사용되는데요. 'appointment'는 의사, 변호사 등 전문성이 있는 사람 또는 기관과의 예약을 나타낼 때 쓰는 표현이며, 'reservation'은 식당, 호텔 등 장소나 공간을 예약할 때 사용됩니다. 또한 '예약하다'라고 할 때는 동사 'make'를 활용해 'make an appointment'와 'make a reservation'이라고 하면 됩니다.

▶ 강의 영상 보기

 Real 영어회화 표현

My mom made an appointment with her doctor.
어머니는 병원 예약을 하셨습니다.

vs

Did you make a reservation at the restaurant?
당신은 식당 예약을 하셨나요?

 준쌤의 Tip 하나!

영어 단어는 문장 안에서의 '위치'를 아는 것이 중요하죠? 'make an appointment'와 'make a reservation'은 둘 다 동사이기 때문에 아래와 같이 문장이 만들어집니다.

 My mom made an appointment with her doctor.
　　　　　주어　　　　동사　　　　　　　목적어
　　　　Did you make a reservation at the restaurant?
　　+　　주어　　　동사　　　　　　　목적어

실전 문장 연습하기

📖 상황 1 예약 확인하기

A Did you **make a reservation**?
예약하셨나요?

B Yes, I **made a reservation** under the name of David Kim. 네, 데이비드 킴으로 예약했습니다.

📖 상황 2 식당 예약하기

I'd like to make a reservation for dinner tonight.
오늘밤 저녁식사를 위한 예약을 하고 싶습니다.

- I'd like to = I would like to = I want to   뜻: ~을 하고 싶다

📖 상황 3 치과 예약하기

I would like to make a dental appointment.
치과 예약을 하고 싶습니다.

- **under the name of** ~이라는 이름으로

실생활 영어 표현 익히기

한국어를 읽고 영어로 문장을 만들어 보세요.

💬 일상 대화 #1

A 제인, 오늘 저녁에 계획 있어?

B 아직 없어. 뭐 생각하고 있는 거 있어?

A 새로운 이탈리안 레스토랑이 있다는데. 내가 예약해 볼까?

B 좋아! 몇 시에 저녁식사하고 싶은데?

A 7시 30분 어때? 나는 7시쯤 일이 끝날 거야.

B 그래. 곧 보자.

💬 일상 대화 #2

A 안녕하세요, 치과 검진 예약을 하고 싶은 데요.

B 네, 성함을 알려주시겠어요?

A 제인 김입니다.

B 감사합니다. 오늘은 1시와 3시 가능합니다. 어떤 시간을 선호하세요?

A 3시가 좋을 것 같아요.

B 네 좋습니다! 3시에 예약이 되었습니다.

🗨️ 키위엔 Vocab

- **have** 무엇 **in mind** ~을 염두에 두다
- **dental check-up** 치과검진
- **prefer** 선호하다
- **get off work** 퇴근하다
- **availability** 가능한 시간

영어 문장 확인하기

A Jane, do you have any plans for dinner tonight?

B Not yet. What do you have in mind?

A I heard about this new Italian restaurant. Should I make a reservation?

B Sounds great! What time do you want to eat dinner?

A How about 7:30 p.m.? I will get off work around 7.

B Okay. I will see you soon.

A Hello, I'd like to make an appointment for a dental check-up, please.

B Sure. May I have your name, please?

A It's Jane Kim.

B Thank you. We have availability at 1:00 p.m. and 3:00 p.m today. Which one would you prefer?

A 3:00 p.m. would be great.

B Great! Your appointment is scheduled at 3:00 p.m.

Unit 30
'약속있어'는 promise가 아니다!

영어로 '나 약속이 있어'는 어떻게 말할까요? "I have a promise."와 "I have an appointment."는 올바른 표현이 아닙니다. 우리말로 '약속'이라는 단어는 두 가지 뜻을 의미하는데요. 첫째는 일정과 선약을 나타내는 약속이며, 둘째는 어떤 행동을 하겠다 또는 하지 않겠다는 다짐을 의미하는 약속이죠. 'promise'는 후자이고 일정과 선약이 있을 때는 "I have plans."라고 합니다. 그럼 다양한 실전 문장들을 통해 이 두 개념의 차이를 확실히 알아보도록 하겠습니다!

▶ 강의 영상 보기

Real 영어회화 표현

I have plans.
저 약속이 있어요.

vs

I promise you.
제가 약속합니다.

준쌤의 Tip 하나!

'plan'은 원래 '계획'이라는 뜻입니다. 그렇기 때문에 'plan'이라는 단어는 '계획이 있다'와 '약속이 있다'라는 두 가지 표현이 모두 가능한데요. '약속이 있다'라는 말을 하기 위해서는 복수형인 'plans'를 사용하고 '계획이 있다'라는 말을 하기 위해서는 단수형인 'a plan'을 사용해야 한다는 점을 꼭 기억해 주세요.

 I have a plan.   vs   I have plans.
나에게 계획이 있어.   나 약속이 있어.

실전 문장 연습하기

📖 생활 속 필수문장 '약속 있어' #1

I have plans with my wife tonight.
저는 아내와 약속이 있어요.

I don't have any plans tomorrow.
내일은 아무런 약속이 없어요.

📖 생활 속 필수문장 '약속 있어' #2

Do you have any plans for the weekend?
주말에 약속 있니?

I have plans with my co-workers tonight.
오늘 밤은 직장동료들과 약속이 있어요.

📖 생활 속 필수문장 '약속 있어' #3

I have plans with my kids this weekend.
나 이번 주말에는 우리 아이들이랑 약속이 있어.

If you don't have any plans, let's hang out.
약속 없으면 같이 놀자.

- **co-worker** 직장 동료

실생활 영어 표현 익히기

한국어를 읽고 영어로 문장을 만들어 보세요.

💬 일상 대화 #1

A 케빈, 오늘 같이 점심 먹을래?

B 미안, 나 오늘 선약이 있어.

A 그렇구나. 내일은 어때?

B 내일은 시간 돼.

A 좋아! 뭐 먹고 싶어?

B 나 요즘 한국 음식에 푹 빠져 있어.

A 내가 좋은 식당을 알고 있어. 거기로 가자.

💬 일상 대화 #2

A 션, 오늘 밤에 계획 있어?

B 아니, 없어. 너는?

A 나도 딱히 없어. 같이 영화나 볼까?

B 좋아, 영화관에 재밌는 영화가 있을까?

A 잘 모르겠어. 그냥 거기 가서 고르는 건 어때?

B 좋아, 그럼 8시에 영화관에서 만나자.

🗨 키위엔 Vocab

- **have lunch** 점심을 먹다
- **choose** 선택하다
- **into** 무엇 ~에 빠져 있는
- **sounds good** 좋은 생각이다

영어 문장 확인하기

A Kevin, do you want to have lunch together today?

B Sorry, I already have plans for today.

A I see. How about tomorrow?

B I'm free tomorrow.

A Great! What kind of food do you like to eat?

B I'm into Korean food these days.

A I know a good restaurant. Let's go there.

A Sean, do you have any plans for tonight?

B No, I don't. How about you?

A Me neither. Should we watch a movie together?

B Sure, are there any good movies in the movie theater?

A I'm not sure. Why don't we go there and choose?

B Sounds good, let's meet at the theater at 8 p.m. then.

Unit 31 '아프다' hurt vs sick

보통 '아프다'라고 하면 'sick'이라는 단어가 떠오르는데요. 영어로 '머리가 아프다'는 "My head hurts."라고 합니다. 'hurt'는 부상으로 인한 통증이나 신체 일부가 '아프다'라는 뜻이고, 'sick'은 감기 등 질병으로 인해 몸이 '아프다'라는 표현입니다. 그럼 다양한 문장들을 통해 감을 익혀 보도록 하겠습니다.

▶ 강의 영상 보기

 Real 영어회화 표현

My head hurts.
머리가 아파요.

My throat hurts.
목이 아파요.

 준쌤의 **Tip** 하나!

'hurt'는 '아프다' 외에도 '다치다'라는 뜻이 있습니다. 그래서 "목을 다쳤어요."는 "I hurt my neck."이 되는 거죠. 또한 'hurt'의 과거형은 'hurt'이니 이 점을 꼭 기억해주세요.

실전 문장 연습하기

📖 hurt '다치다'

I **hurt** my ankle.   발목을 다쳤어요.
I **hurt** my back.   허리를 다쳤습니다.
How did Brian **hurt** his neck?   브라이언은 어떻게 목을 다쳤나요?

📖 hurt '아프다'

Does it still **hurt** here?   여기가 아직도 아프세요?
My legs still **hurt**.   다리가 아직도 아파요.
My arms **hurt**.   팔이 아파요.

📖 sick '아프다'

My mother is **sick**.   엄마가 몸이 안 좋으세요.
James is **sick** with the flu.   제임스는 독감으로 아픕니다.
Is Pauline **sick**?   폴린은 몸이 아픈가요?

실생활 영어 표현 익히기

한국어를 읽고 영어로 문장을 만들어 보세요.

💬 일상 대화 #1

A   마이크, 괜찮아? 무슨 일 있었어?

B   어제 운동하다 등을 다쳤어.

A   아플 거 같은데. 병원은 가봤어?

B   아직. 퇴근하고 가볼 거야.

A   그렇구나. 빨리 나아지길 바라.

B   고마워.

💬 일상 대화 #2

A   리사, 괜찮아? 많이 아프다고 들었어.

B   응, 일어났는데 열이 나서 오늘 출근 못했어.

A   의사 보거나 약 먹었어?

B   응, 방금 병원 갔다 왔어. 그냥 감기니까 충분히 쉬래.

A   몸 관리 잘하고 푹 쉬어. 뭐든 필요하면 언제든지 전화해.

 키위엔 **Vocab**

- **work out** 운동하다
- **take medicine** 약
- **fever** 열
- **just now** 방금 전에

영어 문장 확인하기

A   Mike, are you okay? What happened?

B   I hurt my back while working out yesterday.

A   That sounds painful. Did you see a doctor?

B   Not yet. I'm going to see the doctor after work.

A   I see. I hope you feel better soon.

B   Thank you. I appreciate it.

A   Lisa, are you okay? I heard you are really sick.

B   Yes, I woke up with a fever and couldn't make it to work today.

A   Did you see a doctor or take any medicine?

B   Yes, I went to the doctor just now. They said it's just a cold and told me to rest enough.

A   Take good care of yourself and get some rest. Call me if you need anything.

스페셜 강의

회화 필수 패턴 완전 정복

▶ 강의 영상 보기

어휘력 패턴만 있으면 누구나 영어로 다양한 표현이 가능합니다. 어휘력 패턴이 들어간 문장을 만드는 방법은 '주어 + 동사 + 목적어'로 된 기본 문장의 동사 앞에 어휘력 패턴을 추가해 주는 것인데요. 이 핵심 방법을 알면 어떤 문장도 쉽게 영어로 만들어 말할 수 있습니다.

● 본 강의 내용은 『키위엔 영어회화 하루 5분의 기적』에서 모두 확인하실 수 있습니다.

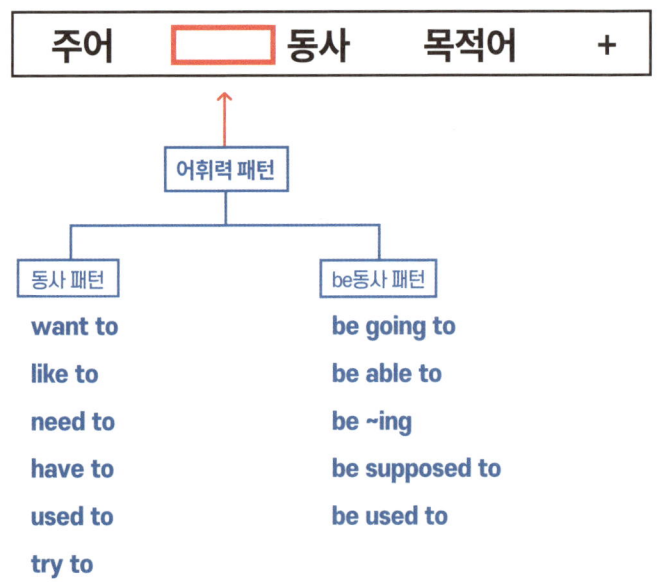

패턴만 보면 문장이 보인다
어휘력 패턴 문장 빠르고 쉽게 만드는 방법

❶ 평서문에 사용된 어휘력 패턴이 동사 패턴인지 be동사 패턴인지 확인한다.
❷ 어휘력 패턴에 be동사가 포함되어 있을 경우 부정문은 be not 라인으로, 의문문은 be 라인으로 만들어 준다.
❸ 반대로 어휘력 패턴에 be동사가 포함되어 있지 않으면 그 패턴은 동사 패턴이기 때문에 부정문은 do not 라인으로, 의문문은 do 라인으로 만들어 준다.

They **want to** play golf.	(평)	They **are going to** play golf.	(평)
want to (be동사 포함 안 됨)		be going to (be동사 포함됨)	
They **do not** want to play golf.	(부)	They **are not** going to play golf.	(부)
Do they want to play golf?	(의)	**Are** they going to play golf?	(의)

기억하세요! 모든 어휘력 패턴은 be동사가 포함된 패턴과 be동사가 포함되지 않은 패턴으로 나뉩니다.

> **준쌤의 Tip 하나!**
>
> 영어는 결국 동사가 들어간 문장과 be동사가 들어간 문장으로 나뉘기 때문에 어휘력 패턴도 '동사 패턴'과 'be동사 패턴'으로 나누어집니다. 이 개념을 알아야 영어가 됩니다.

PART 04

실전 감각 키우기
Daily English Conversation

완벽한 실전 영어 대화 가이드

이번 Part. 04에서는 상황별 실전 대화를 통해 자연스러운 영어 회화 감각을 키워볼 것입니다. 다양한 일상 대화가 영어로 가능해지는 놀라운 경험을 해보세요.

실전 영어 대화 01

● 상황별 영어 대화가 어떻게 이루어지는지 경험해 보세요.

 Daily English Conversation

A James, why are you **all dressed up**?

B I have a job interview today.

A Really? Good luck!

B Thank you. I hope I get this job.

A I don't see you dressed up like this very often.

B I know. I was able to wear casual clothes at the last workplace.

A Does this job have a **dress code**?

B Yes, it's a bank. I have to **dress up** every day if I get this job.

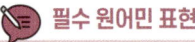 필수 원어민 표현

● **all dressed up** 멋지게 차려입은   ● **dress code** 복장 규정   ● **dress up** 차려입다

대화 내용 확인하기

A 제임스, 왜 그렇게 차려입었어?

B 오늘 회사 면접이 있어.

A 정말? 행운을 빌어.

B 고마워. 이 직장이 됐으면 좋겠어.

A 네가 이렇게 차려입은 것을 자주 보지 못했어.

B 맞아. 지난 직장에서는 편한 옷을 입는 것이 가능했거든.

A 이번 직장은 복장 규정이 있는 거야?

B 응, 은행이거든. 만약 이 직장에 취직이 되면 매일 옷을 차려입어야 해.

 위의 대화 내용을 보고 영어로 바꿔 말하는 연습을 해 보세요.

실전 영어 대화 02

● 상황별 영어 대화가 어떻게 이루어지는지 경험해 보세요.

 Daily English Conversation

(Phone is ringing)

A Jessi Kim's office.

B Is Jessi Kim there?

A No, I'm sorry. Ms. Kim is away from her desk.

B When will she be back?

A That's hard to say. She is tied up for most of the day. May I take a message?

B Yes, I'm calling from the dentist office. Can you tell her she has an appointment at 10 a.m. tomorrow?

A Thank you. I will.

 필수 원어민 표현

● **away from** 누구의 **desk** (누가) 자리에 없다　● **That's hard to say**. 잘 모르겠습니다 (말씀드리기 어렵습니다)　● **tied up** 쉴 새 없이 바쁜

💬 대화 내용 확인하기

(전화벨이 울린다)

A 제시 킴 사무실입니다.

B 제시 킴 계시나요?

A 죄송하지만 그녀는 지금 자리에 안 계세요.

B 언제 돌아오실까요?

A 말씀드리기가 어렵습니다. 오늘 종일 바쁘셔서요. 메시지를 전해드릴까요?

B 네. 치과인데 내일 오전 10시에 예약이 있다고 전해주시겠어요?

A 그럴게요. 고맙습니다.

 위의 대화 내용을 보고 영어로 바꿔 말하는 연습을 해 보세요.

실전 영어 대화 03

● 상황별 영어 대화가 어떻게 이루어지는지 경험해 보세요.

 Daily English Conversation

A Did you **hear about Brian**?

B No, what happened?

A He hurt his leg playing soccer.

B Oh, that's terrible. Is he okay now?

A I'm not sure. I wasn't able to **keep in touch** with him for a few days.

B I see. **Thank you for letting me know**. I will call him tonight.

A No problem. I think he has to put up with a **cast** on his leg for a few weeks.

B I hope it's not a big **injury**.

 필수 원어민 표현

- **hear about** 누구 ~에 대한 소식을 듣다   ● **keep in touch with** 누구 ~와 연락하다
- **Thank you for letting** 누구 **know**. ~에게 알려줘서 고맙다   ● **cast** 깁스
- **injury** 부상

💬 대화 내용 확인하기

A 브라이언 소식 들었니?

B 아니, 무슨 일 있어?

A 걔 축구하다가 다리를 다쳤나 봐.

B 세상에. 지금은 괜찮은 거야?

A 잘 모르겠어. 며칠 동안 연락이 안 되더라고.

B 그렇구나. 알려줘서 고마워. 오늘 밤 브라이언한테 전화해 볼게.

A 별말씀을. 내 생각엔 몇 주 동안 다리에 깁스를 하고 지내야 할 거 같아.

B 큰 부상이 아니길 바라야지.

 위의 대화 내용을 보고 영어로 바꿔 말하는 연습을 해 보세요.

실전 영어 대화 04

● 상황별 영어 대화가 어떻게 이루어지는지 경험해 보세요.

 Daily English Conversation

A Are you having a party on Saturday?

B It's up in the air.

A Are you canceling the party?

B Well, Kevin isn't feeling well, so we might have to call off the party.

A Is he okay?

B He has a bad cold.

A He should rest and drink a lot of water.

B He is. I will let you know right away if I have to cancel the party.

 필수 원어민 표현

- **up in the air** 아직 결정 나지 않은
- **call off** 취소하다
- **let 누구 know** ~에게 알려주다

💬 대화 내용 확인하기

A 토요일에 파티하는 거야?

B 아직 미정이야.

A 파티 취소하려고?

B 흠, 케빈이 몸이 별로 안 좋아서 취소해야 할지도 몰라.

A 케빈은 괜찮아?

B 감기가 심하게 걸렸어.

A 푹 쉬면서 물을 많이 마셔야 할 텐데.

B 그렇게 하고 있어. 만약 파티를 취소해야 하면 너에게 바로 알려 줄게.

 위의 대화 내용을 보고 영어로 바꿔 말하는 연습을 해 보세요.

실전 영어 대화 05

● 상황별 영어 대화가 어떻게 이루어지는지 경험해 보세요.

 Daily English Conversation

A Are you busy these days?

B Yes, I'm trying to learn English.

A That's awesome. How's it going so far?

B I try to practice speaking English every day. I think I'm getting better little by little.

A Good job. Keep practicing, and sooner or later, you will be able to speak it fluently.

B I hope so. I really want to travel the U.S. by myself next summer.

 필수 원어민 표현

●**little by little** 조금씩　●**sooner or later** 조만간, 머잖아　●**fluently** 유창하게

💬 대화 내용 확인하기

A 요즘 바빠?

B 응, 나 영어를 배우려고 노력하고 있어.

A 너무 좋은데! 어떻게 되어 가고 있어?

B 매일 영어 말하기 연습을 하려고 노력해. 조금씩 나아지고 있는 것 같아.

A 잘했다. 계속 연습하면 언젠가는 유창하게 말하는 것이 가능할 거야.

B 그러길 바라. 나 정말 내년 여름에 혼자서 미국 여행을 하고 싶거든.

 위의 대화 내용을 보고 영어로 바꿔 말하는 연습을 해 보세요.

실전 영어 대화 06

● 상황별 영어 대화가 어떻게 이루어지는지 경험해 보세요.

 Daily English Conversation

A I heard you **made a big mistake** at work. How are you feeling?

B I'm **feel**ing pretty **down** about it. I feel like I **let everyone down**.

A Don't be too **hard on yourself**. Mistakes can happen to anyone.

B I know, but I **can't help but** feel embarrassed.

A I know you will **bounce back** stronger. **Keep your head up!**

 필수 원어민 표현

- **make a mistake** 실수하다
- **feel down** 기분이 좋지 않다, 마음이 울적하다
- **let 누구 down** ~을 실망시키다
- **hard on yourself** 자책하는
- **can't help but 동사** ~하지 않을 수가 없다
- **bounce back** 재기하다, ~을 딛고 일어서다
- **Keep your head up.** 기운 내 (고개 들어)

💬 대화 내용 확인하기

A 직장에서 큰 실수를 했다고 들었어. 기분은 좀 어때?

B 기분이 좋지 않아. 모두를 실망시킨 것 같아.

A 너무 자책하지 마. 실수는 누구에게나 일어날 수 있는 거야.

B 아는데, 너무 창피한 건 어쩔 수 없어.

A 이번 계기로 더 강해질 거야. 기운 내!

 위의 대화 내용을 보고 영어로 바꿔 말하는 연습을 해 보세요.

실전 영어 대화 07

● 상황별 영어 대화가 어떻게 이루어지는지 경험해 보세요.

 Daily English Conversation

A Do you want some more food?

B No, I'm **stuffed**. I ate too much.

A How did you like the chicken?

B Your chicken is **second to none**.

A Thank you. There are coffee and tea. We also have desserts too. **Help yourself.**

B Coffee **sounds good**, but I'm okay with desserts. I can't eat anymore.

 필수 원어민 표현

● **stuffed** 배부른   ● **second to none** 최고인(둘째가라면 서러운)
● **Help yourself.** 마음껏 드세요   ● **sound good** ~이 좋다(좋게 들리다)

대화 내용 확인하기

A 음식 좀 더 줄까?

B 아니야. 배 불러. 너무 많이 먹었어.

A 닭고기 어땠어?

B 네 닭 요리는 최고지.

A 고마워. 커피와 차랑 디저트도 있으니까 마음껏 먹어.

B 커피는 좋지만 디저트는 괜찮아. 더 이상 못 먹겠어.

 위의 대화 내용을 보고 영어로 바꿔 말하는 연습을 해 보세요.

실전 영어 대화 08

● 상황별 영어 대화가 어떻게 이루어지는지 경험해 보세요.

 Daily English Conversation

A Jane, can you do me a favor?

B What is it?

A Can you babysit my kids on Saturday night? It's so hard to get a babysitter at the last minute.

B Yes, I'm free on Saturday night. I will babysit your kids.

A Really? Thank you. All the food is in the refrigerator. Feel free to eat them.

B Will do, thank you.

 필수 원어민 표현

●favor 부탁　●babysit 아이를 봐 주다　●babysitter 아이를 봐 주는 사람
●at the last minute 막판에　●free 자유인, 한가한　●feel free to 편하게 ~하다

💬 대화 내용 확인하기

A 제인, 부탁 좀 들어줄 수 있어?

B 뭔데?

A 토요일 밤에 우리 애들 좀 봐줄 수 있어? 막판에 애들 봐 줄 사람을 구하기가 너무 어려워서.

B 응, 나 토요일 밤에 한가해. 내가 네 아이들을 봐 줄게.

A 정말? 고마워. 음식은 냉장고에 다 있으니까 편하게 꺼내 먹으면 돼.

B 그렇게 할게, 고마워.

 위의 대화 내용을 보고 영어로 바꿔 말하는 연습을 해 보세요.

실전 영어 대화 09

● 상황별 영어 대화가 어떻게 이루어지는지 경험해 보세요.

 Daily English Conversation

A Sally, I'm so sorry but I can't make it to lunch today.

B Really? How come?

A Something came up at work.

B I see. Is everything okay?

A I'm not sure yet. Can we postpone our lunch to next week?

B Of course. Don't worry about the restaurant. I will call them and cancel the reservation.

 필수 원어민 표현

● **make it to** ~에 나타나다, 참석하다   ● **Something came up.** (갑작스럽게) 일이 생겼어   ● **postpone** 연기하다, 미루다

💬 대화 내용 확인하기

A 셀리, 미안한데 오늘 점심 약속에 못 갈 거 같아.

B 정말? 어째서?

A 회사에 갑자기 일이 생겼어.

B 그렇구나. 괜찮은 거야?

A 나도 아직 잘 모르겠어. 우리 점심 약속은 다음주로 미룰 수 있을까?

B 물론이지. 식당은 걱정하지마. 내가 전화해서 예약 취소할게.

 위의 대화 내용을 보고 영어로 바꿔 말하는 연습을 해 보세요.

실전 영어 대화 10

● 상황별 영어 대화가 어떻게 이루어지는지 경험해 보세요.

 Daily English Conversation

A Kate, let's have lunch today.

B I can't. **Money is tight** for me right now.

A **It's on me.** I still **owe** you from last time.

B Really?

A I know what you are going through. **I've been there**.

B Thank you for understanding.

 필수 원어민 표현

● **Money is tight.** 주머니 사정이 좋지 않다 ● **It's on me.** 내가 쏠게
● **owe 누구** ~에게 신세지다 ● **I've been there.** 나도 겪어 봐서 알아

💬 대화 내용 확인하기

A 케이트, 오늘 점심 같이 하자.

B 안되겠어. 지금 내가 주머니 사정이 좋지 않아서.

A 내가 살게. 지난번에 내가 신세졌잖아.

B 정말?

A 그 심정 이해해. 나도 겪어봐서 네 상황 잘 알아.

B 이해해줘서 고맙다.

 위의 대화 내용을 보고 영어로 바꿔 말하는 연습을 해 보세요.

실전 영어 대화 11

● 상황별 영어 대화가 어떻게 이루어지는지 경험해 보세요.

 Daily English Conversation

A Hey, Kevin. Where are you going on summer vacation?

B Hawaii. It is my first time going there, so I'm really looking forward to it.

A Nice. I went there last year and I really had a blast.

B Can you recommend me good restaurants to visit?

A Of course. I will send you the list right now.

B That would be great. Thank you.

 필수 원어민 표현

- It is my first time ~ing ~하는 것이 처음이다
- look forward to ~을 기대하다
- have a blast 좋은 시간을 가지다

💬 대화 내용 확인하기

A 케빈. 여름휴가 어디로 갈 거야?

B 하와이. 처음 가는 거라서 정말로 기대돼.

A 잘 됐다. 나는 작년에 거기 갔었는데 정말 즐거웠어.

B 내가 가볼 만한 좋은 음식점 추천 좀 해줄 수 있을까?

A 물론이지. 지금 바로 목록을 보내줄게.

B 너무 좋지. 고마워.

 위의 대화 내용을 보고 영어로 바꿔 말하는 연습을 해 보세요.

실전 영어 대화 12

● 상황별 영어 대화가 어떻게 이루어지는지 경험해 보세요.

 Daily English Conversation

A Kevin, are you **head**ing anywhere after work?

B No, I'm **going straight to** my house. I'm so **exhausted** from work. Why?

A I have to return some books to the library today. Can you **give me a lift**?

B Yes, I can. The library **is on the way** home anyway.

A Thank you. Some books are too heavy to walk around.

B I see. How are you coming back home?

A I will **catch a bus** home from the library.

 필수 원어민 표현

- **head** ~를 향하다, 가다   ● **go straight to** 장소 ~로 곧장 가다
- **exhausted** 매우 지친, 고갈된   ● **give** 누구 **a lift** ~를 태워주다
- **be on the way** 가는 길이다   ● **catch a bus** 버스를 타다

💬 대화 내용 확인하기

A 케빈, 퇴근하고 어디 가니?

B 아니, 곧장 집으로 갈 거야. 일 때문에 너무 지쳤어. 왜?

A 내가 오늘 책들을 도서관에 반납해야 하는데 태워 줄 수 있어?

B 응, 태워 줄 수 있지. 어차피 도서관도 집에 가는 길이고.

A 고마워. 책 몇 권이 들고 걷기엔 너무 무거워서.

B 그렇구나. 집에는 어떻게 돌아 갈 거야?

A 도서관에서 버스 탈 거야.

 위의 대화 내용을 보고 영어로 바꿔 말하는 연습을 해 보세요.

실전 영어 대화 13

● 상황별 영어 대화가 어떻게 이루어지는지 경험해 보세요.

 Daily English Conversation

A How are you going to get to the airport?

B I'm not sure. What about you?

A I'm going to take the bus. It is the fastest way from my house.

B I think I will take the subway. I get carsick easily when I take the bus.

A Sounds good. Let's meet up at gate 1.

B Okay. Don't be late like last time!

 필수 원어민 표현

- **take the bus** 버스 타다   - **take the subway** 지하철 타다
- **get carsick** 멀미하다   - **easily** 쉽게

💬 대화 내용 확인하기

A 넌 공항에 어떻게 갈 거야?

B 잘 모르겠어. 너는?

A 나는 버스를 탈 거야. 내 집에서는 그게 가장 빠르거든.

B 난 지하철을 탈 거 같아. 버스 타면 쉽게 멀미를 해서.

A 좋아. 1번 게이트에서 만나자.

B 알겠어. 지난번처럼 늦지 마!

 위의 대화 내용을 보고 영어로 바꿔 말하는 연습을 해 보세요.

실전 영어 대화 14

● 상황별 영어 대화가 어떻게 이루어지는지 경험해 보세요.

 Daily English Conversation

A **Would you like to** order now?

B We're not ready yet. Can you give us some more time?

A Of course. If you need any recommendations, **feel free to** ask.

B Thank you. I'm trying to decide between pasta or lasagna. Which one would you recommend?

A Both are delicious choices, but I would **suggest** the lasagna. It's one of our **popular dishes**.

B Okay, I will go with it.

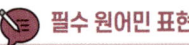 필수 원어민 표현

● **Would you like to ~?** ~하시겠어요?　● **feel free to 동사** (부담 갖지 않고)~하다, 편하게 ~하다　● **suggest** 추천하다　● **popular dishes** 인기 요리

💬 대화 내용 확인하기

A 주문하시겠어요?

B 아직 준비가 안 됐습니다. 시간을 좀 더 주시겠어요?

A 물론이죠. 혹시 추천이 필요하시면 편히 물어보세요.

B 감사합니다. 파스타와 라자냐 중 고민 중인데요. 어떤 걸 추천하시나요?

A 둘 다 맛있어요, 하지만 라자냐를 추천해 드릴게요. 저희 식당에서 인기 있는 요리 중 하나입니다

B 알겠어요, 라자냐로 주문할게요.

 위의 대화 내용을 보고 영어로 바꿔 말하는 연습을 해 보세요.

실전 영어 대화 15

● 상황별 영어 대화가 어떻게 이루어지는지 경험해 보세요.

 Daily English Conversation

A Did you see Chris?

B Yes, he went for a drive. Why?

A He was supposed to take me with him.

B I see. You should call him. He left here like five minutes ago.

A Okay. Do you want to join us?

B No, I'm good. I'm too tired from work today. Thank you for asking though.

 필수 원어민 표현

● go for a drive 드라이브하러 가다   ● take 누구 ~를 데리고 가다
● join 함께하다, 합류하다

대화 내용 확인하기

A 크리스 봤어?

B 응, 드라이브하러 갔어. 왜?

A 원래 나를 데리고 가기로 했거든.

B 그랬구나. 걔한테 전화해 봐. 여기에서 한 5분 전에 떠났어.

A 알겠어. 너도 우리랑 같이 갈래?

B 아니야, 난 괜찮아. 오늘은 직장에서 너무 피곤했거든. 물어봐 줘서 고마워.

 위의 대화 내용을 보고 영어로 바꿔 말하는 연습을 해 보세요.

실전 영어 대화 16

● 상황별 영어 대화가 어떻게 이루어지는지 경험해 보세요.

 Daily English Conversation

A Do you have time to talk?

B Sure, I **have a few minutes**. What is it?

A Do we have enough time to finish the project **in time**?

B Of course. We will **make it** in time.

A Okay, **I just feel like** there's so much left to do.

B I understand. But, don't stress.

 필수 원어민 표현

- **have a few minutes** 시간이 좀 있다   ● **in time** 제 시간에
- **make it** 성공하다   ● **I just feel like** ~한 느낌이 든다

💬 대화 내용 확인하기

A 얘기할 시간 있어?

B 응, 잠깐 시간 돼. 무슨 일이야?

A 우리가 프로젝트를 제시간에 마칠 충분한 시간이 있을까?

B 당연하지. 제시간에 끝낼 거야.

A 알겠어. 나는 그냥 남은 일이 너무 많다는 느낌이 들어서.

B 이해하지. 그런데 스트레스는 받지 마.

 위의 대화 내용을 보고 영어로 바꿔 말하는 연습을 해 보세요.

실전 영어 대화 17

● 상황별 영어 대화가 어떻게 이루어지는지 경험해 보세요.

 Daily English Conversation

A Hey, how was your weekend?

B It was good. I just stayed home and relaxed. How about you?

A I had to babysit my nephew over the weekend. My brother went on a camping trip.

B Babysitting sounds fun! How old is your nephew?

A He is five years old, full of energy. I passed out after I came back home.

B But I'm sure your nephew had a blast.

 필수 원어민 표현

- **nephew** 조카(남성) [niece 조카 (여성)]
- **go on a ~** ~을 하러 가다   ● **pass out** (기절하듯이) 잠에 들다
- **have a blast** 좋은 시간을 가지다

대화 내용 확인하기

A 주말 어땠어?

B 좋았어. 그냥 집에 있으면서 쉬었어. 너는?

A 형이 캠핑 여행을 가서 내가 주말 동안 조카를 돌봐줘야 했어.

B 재미있었겠다. 조카는 몇 살이야?

A 5살이야. 에너지가 넘쳐. 나 집에 돌아와서 완전 기절했잖아.

B 하지만 장담하는데 조카는 좋은 시간을 보냈을 거야.

 위의 대화 내용을 보고 영어로 바꿔 말하는 연습을 해 보세요.

실전 영어 대화 18

● 상황별 영어 대화가 어떻게 이루어지는지 경험해 보세요.

 Daily English Conversation

A I'm **starving**! Do you have anything to eat?

B Yes, I have some sandwiches in the **fridge**. **Help yourself**!

A Thank you. Can I drink this juice too?

B Sure, but **don't kill it**. That's my brother's favorite juice.

A Got it. Wow, this juice tastes really good. Where did he **get** this?

B I think he **ordered it from online**.

 필수 원어민 표현

- **starve** 굶주리다   ● **fridge** 냉장고   ● **Help yourself.** 마음껏 먹어
- **Don't kill it.** 다 끝내지마   ● **get** 구매하다, 사다
- **order** 무엇 **from online** ~을 인터넷(온라인) 주문하다

💬 대화 내용 확인하기

A 너무 배고파! 뭐 먹을 거 좀 있어?

B 응, 냉장고에 샌드위치 좀 있어. 마음껏 먹어!

A 고마워. 이 주스도 마셔도 돼?

B 물론, 근데 다 마시지는 마. 내 형이 제일 좋아하는 주스야.

A 알겠어. 와우! 이 주스 정말 맛있는데. 어디서 사셨데?

B 내 생각엔 인터넷으로 주문한 것 같아.

 위의 대화 내용을 보고 영어로 바꿔 말하는 연습을 해 보세요.

실전 영어 대화 19

● 상황별 영어 대화가 어떻게 이루어지는지 경험해 보세요.

 Daily English Conversation

A **I can't wait to** start my new job next week. I'm really excited about it.

B **That's great to hear**! What kind of work will you be doing?

A I will be working as a store manager at a fashion company.

B Awesome! I'm sure you will do well in your new **position**.

A Thank you. Your support **means a lot** to me.

 필수 원어민 표현

- **can't wait to ~** 빨리 ~하고 싶다   ● **That's great to hear.** 너무 잘 됐다
- **position** (일)자리, 직위   ● **means a lot** 큰 의미가 있다

💬 대화 내용 확인하기

A 나 빨리 다음 주에 새 직장에서 일을 시작하고 싶어. 너무 기대돼.

B 잘 됐다! 어떤 일하는 건데?

A 패션 회사에서 매장 매니저로 일할 거야.

B 멋지다! 난 네가 새로운 직장에서 잘 할 거라고 확신해.

A 고마워. 네 응원은 내게 큰 의미가 있어.

 위의 대화 내용을 보고 영어로 바꿔 말하는 연습을 해 보세요.

실전 영어 대화 20

● 상황별 영어 대화가 어떻게 이루어지는지 경험해 보세요.

 Daily English Conversation

A Should we go to the mall?

B I'm down. Do you want me to ask Jane too?

A No, it's okay. She can't be bothered to go out in this hot weather.

B You're right. She really hates it when it is hot.

A Can we take your car? My car is in the shop right now.

B Sure. I just need to stop by the gas station first. My car is low on fuel.

 필수 원어민 표현

- **I'm down.** 나도 할게, 나도 같이할게
- **can't be bothered** 귀찮다
- **stop by** 잠시 들리다
- **be low on fuel** 연료가 부족하다

💬 대화 내용 확인하기

A 우리 쇼핑몰에 갈까?

B 좋지. 내가 제인한테도 물어볼까?

A 아니, 그러지 않아도 돼. 이 더운 날씨에는 나가기 귀찮아서 안 갈 거야.

B 맞아. 걔는 더운 날씨를 진짜 싫어하더라고.

A 우리 네 차로 갈 수 있을까? 내 차가 정비소에 있어.

B 그럼. 먼저 주유소에 들러야 해. 기름이 거의 없어.

 위의 대화 내용을 보고 영어로 바꿔 말하는 연습을 해 보세요.

PART 05

지금 당장 써먹을 수 있는 실생활 영어표현 100문장

- 실전대화 다지기 편 -

우리말로는 생각나는데 영어로는 어떻게 말하는지 몰라 답답한 적이 많으시죠? 이번 Part. 05에서는 간단한 듯한데 입으로는 나오지 않는 실생활 영어 표현 100문장을 배워보도록 하겠습니다. 그동안 궁금하고 답답했던 표현들이 여러분의 입에서 나오기 시작할 것입니다!

지금 당장 써먹을 수 있는 100문장 1~10

● 일상 속 유용한 표현들을 익혀 보세요.

01 "잠깐 시간 돼?"
Got a minute?

02 "모르는 척하지 마." (시치미 떼지마.)
Don't play dumb.

03 "줄을 서세요."
Get in line.

04 "실물이 나으세요."
You look better in person.

05 "몇 시에 문 열어요?"
What time do you open?

* **dumb** 멍청한, 바보 같은

Improve your English speaking.

강의 영상 보기

06 "시간이 더 필요해요."
I need more time.

07 "(그냥) 본론만 얘기해."
Just get to the point.

08 "그럴 기분이 아냐."
I'm not in the mood.

09 "같이 갈래?"
Do you want to come along?

10 "그러고 싶지만 안되겠어."
I wish I could, but I can't.

* **point** 의견, 요점 * **come along** 함께 가다(오다)

지금 당장 써먹을 수 있는 100문장

● 일상 속 유용한 표현들을 익혀 보세요.

11
"선약이 있어."
I already have plans.

12
"마음에 드셨으면 좋겠네요."
I hope you like it.

13
"왜 이렇게 오래 걸렸어?"
What took you so long?

14
"그만 생각해."
Stop thinking about it.

15
"늘 있는 일이지."
It happens all the time.

Improve your English speaking.

16 "좋은 지적이야."
That's a good point.

17 "잠깐 얘기 좀 할 수 있을까?"
Can I talk to you for a second?

18 "네가 틀렸을지도 몰라."
You might be wrong.

19 "몇 분 늦을지도 몰라요."
I might be a few minutes late.

20 "절대 모르는 거지."
You never know.

* **might** ~일지도 모른다   * **a few** 조금, 많지 않은

지금 당장 써먹을 수 있는 100문장 21~30

● 일상 속 유용한 표현들을 익혀 보세요.

21
"한잔하러 갑시다."
Let's go for a drink.

22
"내 자리 맡아놔."
Save my seat.

23
"무슨 소리야?"
What are you talking about?

24
"목소리 낮춰."
Keep your voice down.

25
"진심이야?"
Are you serious?

* seat 자리, 좌석   * voice 목소리   * serious 심각한, 진지한

Improve your English speaking.

26 "난 더 감당할 수 없어."
I can't handle it anymore.

27 "더 이상 못 하겠어요."
I can't take it anymore.

28 "나 장난하는 거 아니야." (정말이야.)
I'm not kidding.

29 "너무 좋아서 믿기지 않아."
Too good to be true.

30 "그만해."
Cut it out.

* **handle** 다루다   * **true** 사실인, 진짜의

Practice makes perfect!
장기기억에 저장하기

앞서 배운 표현들을 여러분의 것으로 만들어 보세요.

Fill in the blank

● 빈칸을 채워 앞서 배운 표현들을 완성해 보세요.

1 "잠깐 시간 돼?"
Got a _____?

2 "모르는 척하지 마." (시치미 떼지마.)
_____ play dumb.

3 "줄을 서세요."
Get _____ line.

4 "실물이 나으세요."
You look _____ in person.

5 "몇 시에 문 열어요?"
_____ time do you open?

Keywords

better   Don't   minute   in   What

6 "시간이 더 필요해요."
I _____ more time.

7 "(그냥) 본론만 얘기해."
Just get to the _____.

8 "그럴 기분이 아냐."
I'm _____ in the mood.

9 "같이 갈래?"
Do you _____ to come along?

10 "그러고 싶지만 안되겠어."
I wish I could, but I _____.

Keywords

can't   not   need   want   point

Fill in the blank

● 빈칸을 채워 앞서 배운 표현들을 완성해 보세요.

⑪ "선약이 있어."
I already have _____.

⑫ "마음에 드셨으면 좋겠네요."
I _____ you like it.

⑬ "왜 이렇게 오래 걸렸어?"
What took you so _____?

⑭ "그만 생각해."
_____ thinking about it.

⑮ "늘 있는 일이지."
It _____ all the time.

Keywords

Stop   plans   hope   long   happens

16 "좋은 지적이야."
_____ a good point.

17 "잠깐 얘기 좀 할 수 있을까?"
Can I _____ to you for a second?

18 "네가 틀렸을지도 몰라."
You might be _____.

19 "몇 분 늦을지도 몰라요."
I _____ be a few minutes late.

20 "절대 모르는 거지."
You never _____.

Keywords

That's   talk   know   might   wrong

Fill in the blank

● 빈칸을 채워 앞서 배운 표현들을 완성해 보세요.

㉑ "한잔하러 갑시다."
_____ go for a drink.

㉒ "내 자리 맡아놔."
Save my _____.

㉓ "무슨 소리야?"
What are you _____ about?

㉔ "목소리 낮춰."
Keep your _____ down.

㉕ "진심이야?"
_____ you serious?

Keywords

talking   Let's   seat   Are   voice

㉖ "난 더 감당할 수 없어."
I _____ handle it anymore.

㉗ "더 이상 못 하겠어요."
I can't take it _____.

㉘ "나 장난하는 거 아니야." (정말이야.)
I'm _____ kidding.

㉙ "너무 좋아서 믿기지 않아."
_____ good to be true.

㉚ "그만해."
_____ it out.

Keywords

Cut   Too   not   anymore   can't

지금 당장 써먹을 수 있는 100문장 31~40

● 일상 속 유용한 표현들을 익혀 보세요.

31 "이건 공평하지 않아."
It's not fair.

32 "정신차려." (기운 내.)
Pull yourself together.

33 "신세 졌어."
I owe you one.

34 "세상 참 좁네."
What a small world.

35 "너무 무리하지 말고."
Don't work too hard.

* **fair** 공평한, 타당한　* **owe** 신세를 지고 있다

Improve your English speaking.

36 "내가 낼게."
It's on me.

37 "무슨 일이야?" (무슨 일이 벌어지고 있을 때)
What's going on?

38 "(통화/대화하기) 곤란한 시간이니?"
Is this a bad time?

39 "이거 어디다 둘까?"
Where should I put this?

40 "이제 가봐야겠어."
I have to go now.

지금 당장 써먹을 수 있는 100문장 41~50

- 일상 속 유용한 표현들을 익혀 보세요.

41 "태워다 줄게."
I'll give you a ride.

42 "너도 내 입장이 되어봐."
Put yourself in my shoes.

43 "재촉하지 마."
Don't rush me.

44 "기다리지 말고 먼저 가."
Don't wait up for me.

45 "잘됐네."
Good for you.

* **rush** 서두르다

 **Improve your English speaking.**

46 "네가 정말 부럽다."
I'm jealous of you.

47 "얼마나 오래 걸리나요?"
How long does it take?

48 "비용이 얼마나 드나요?"
How much does it cost?

49 "너에게 어떻게 말해야 할지 모르겠다."
I don't know how to tell you this.

50 "난 상관없는 일이야."
I have nothing to do with this.

＊**jealous** 부러운, 질투하는

지금 당장 써먹을 수 있는 100문장 51~60

● 일상 속 유용한 표현들을 익혀 보세요.

51 "당신은 이 일에 대해 알고 있었나요?"
Did you know about this?

52 "너 제정신이야?"
Are you out of your mind?

53 "시간이 많이 걸려요."
It takes a lot of time.

54 "저희 사진 좀 찍어 주실 수 있나요?"
Could you take a picture of us?

55 "주말에 주로 무엇을 하세요?"
What do you usually do on weekends?

Improve your English speaking.

56 "나 지난주에 새 폰 샀어."
I got a new phone last week.

57 "그거 얼마 주고 샀어?"
How much did you pay for it?

58 "어떻게 나한테 이럴 수 있어?"
How can you do this to me?

59 "그것이 어디 있는지 못 찾겠어요."
I can't find where it is.

60 "무슨 의미죠?"
What does that mean?

＊**pay** 지불하다 ＊**mean** 뜻하다, 의미하다

Practice makes perfect!
장기기억에 저장하기

앞서 배운 표현들을 여러분의 것으로 만들어 보세요.

Fill in the blank

● 빈칸을 채워 앞서 배운 표현들을 완성해 보세요.

㉛ "이건 공평하지 않아."
It's _____ fair.

㉜ "정신차려." (기운 내.)
_____ yourself together.

㉝ "신세 졌어."
I _____ you one.

㉞ "세상 참 좁네."
What a _____ world.

㉟ "너무 무리하지 말고."
Don't work _____ hard.

Keywords

Pull   not   owe   too   small

36 "내가 낼게."

It's on ______.

37 "무슨 일이야?" (무슨 일이 벌어지고 있을 때)

What's ________ on?

38 "(통화/대화하기) 곤란한 시간이니?"

______ this a bad time?

39 "이거 어디다 둘까?"

________ should I put this?

40 "이제 가봐야겠어."

I ___________ go now.

Keywords

going　me　have to　Is　Where

Fill in the blank

● 빈칸을 채워 앞서 배운 표현들을 완성해 보세요.

41 "태워다 줄게."
I'll give you a _____.

42 "너도 내 입장이 되어봐."
Put _____ in my shoes.

43 "재촉하지 마."
Don't _____ me.

44 "기다리지 말고 먼저 가."
_____ wait up for me.

45 "잘됐네."
_____ for you.

Keywords

Good   yourself   ride   Don't   rush

46 "네가 정말 부럽다."
I'm _____ of you.

47 "얼마나 오래 걸리나요?"
How _____ does it take?

48 "비용이 얼마나 드나요?"
_____ much does it cost?

49 "너에게 어떻게 말해야 할지 모르겠다."
I don't know how to _____ you this.

50 "난 상관없는 일이야."
I have _____ to do with this.

Keywords

nothing   jealous   tell   How   long

Fill in the blank

● 빈칸을 채워 앞서 배운 표현들을 완성해 보세요.

51 "당신은 이 일에 대해 알고 있었나요?"
Did you know _____ this?

52 "너 제정신이야?"
Are you out of your _____?

53 "시간이 많이 걸려요."
It _____ a lot of time.

54 "저희 사진 좀 찍어 주실 수 있나요?"
_____ you take a picture of us?

55 "주말에 주로 무엇을 하세요?"
What do you usually _____ on weekends?

Keywords

Could   about   takes   do   mind

56 "나 지난주에 새 폰 샀어."
I _____ a new phone last week.

57 "그거 얼마 주고 샀어?"
How much did you _____ for it?

58 "어떻게 나한테 이럴 수 있어?"
_____ can you do this to me?

59 "그것이 어디 있는지 못 찾겠어요."
I _____ find where it is.

60 "무슨 의미죠?"
What does that _____?

Keywords

How   can't   got   pay   mean

지금 당장 써먹을 수 있는 100문장 61~70

● 일상 속 유용한 표현들을 익혀 보세요.

61 "상기시켜 줘서 고마워요."
Thank you for reminding me.

62 "그것만 있으면 됩니다."
That's all I need.

63 "우리가 해냈어!"
We made it!

64 "그 말을 듣게 돼서 기뻐요."
I'm glad to hear that.

65 "그가 진짜 그렇게 말했나요?"
Did he really say that?

* **remind** 상기시키다 * **hear** 듣다

 **Improve your English speaking.**

66 "부담 갖지 말고 말씀해 보세요."
Feel free to talk to me.

67 "기다리게 해서 죄송합니다."
I'm sorry to keep you waiting.

68 "방금 한 말 취소할게요."
I take that back.

69 "같은 것으로 주세요."
I'll have the same.

70 "오늘은 저녁 하고 싶지 않아."
I don't want to make dinner tonight.

지금 당장 써먹을 수 있는 100문장 71~80

● 일상 속 유용한 표현들을 익혀 보세요.

71 "저는 가족들이랑 저녁식사 중이에요."
I'm having dinner with my family.

72 "제가 이제 어떻게 하면 좋을까요?"
What should I do now?

73 "집까지 바래다줄게."
I will take you home.

74 "이건 제겐 의미가 커요."
It means a lot to me.

75 "더 이상 그 얘기는 하고 싶지 않아."
I don't want to talk about it anymore.

Improve your English speaking.

76 "이유는 말해줄 수 없어."
I can't tell you why.

77 "내 말이 그 말이야."
That's what I'm saying.

78 "기름이 다 떨어졌어."
We are out of gas.

79 "내가 거기 도착하면 전화 줄게."
I will call you when I get there.

80 "입맛이 없어."
I don't have an appetite.

appetite 식욕

지금 당장 써먹을 수 있는 100문장 81~90

● 일상 속 유용한 표현들을 익혀 보세요.

81
"마실 거 좀 드릴까요?"
Can I get you a drink?

82
"커피 좀 갖다 드릴게요."
I'll get you some coffee.

83
"만약 기회가 된다면 해외에서 공부하고 싶어요."
If I have a chance, I want to study abroad.

84
"조금 전에 막 커피를 마셨어."
I just had (some) coffee.

85
"나 지금 뭐 하고 있는 중이야."
I'm in the middle of something.

* **study abroad** 외국에서 공부하다

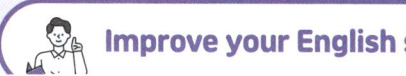
Improve your English speaking.

86 "그거 어디 있는지 알아?"
Do you know where it is?

87 "다 잘될 거야."
Everything will be fine.

88 "걱정할 거 하나 없어."
There's nothing to worry about.

89 "이 근처에 버스 정류장이 있나요?"
Is there a bus stop near here?

90 "나 이럴 시간 없어."
I don't have time for this.

* **bus stop** 버스 정류장

지금 당장 써먹을 수 있는 100문장 91~100

● 일상 속 유용한 표현들을 익혀 보세요.

91 "우리 얘기 좀 해야 할 것 같아"
I think we should talk.

92 "다 괜찮아? (다 잘되고 있어?)"
Is everything all right?

93 "내가 이미 말했잖아."
I already told you.

94 "저는 전혀 상관없어요."
I don't mind it at all.

95 "나 아무것도 기억 안 나."
I don't remember anything.

* at all 전혀   * remember 기억하다

Improve your English speaking.

96 "그게 무슨 말이야?"
What do you mean by that?

97 "난 그런 뜻이 아니었어."
That's not what I meant.

98 "지금은 그게 다야."
That's all for now.

99 "지금까지는 잘 되고 있어."
It's going well so far.

100 "나중에 다시 올게."
I'll come back later.

* **meant**(mean의 과거) 의미했다

Practice makes perfect!
장기기억에 저장하기

앞서 배운 표현들을 여러분의 것으로 만들어 보세요.

Fill in the blank

● 빈칸을 채워 앞서 배운 표현들을 완성해 보세요.

61 "상기시켜 줘서 고마워요."
_____ you for reminding me.

62 "그것만 있으면 됩니다."
That's all I _____.

63 "우리가 해냈어!"
We _____ it !

64 "그 말을 듣게 돼서 기뻐요."
I'm glad to _____ that.

65 "그가 진짜 그렇게 말했나요?"
_____ he really say that?

Keywords

hear   Thank   made   need   Did

㊅㊅ "부담 갖지 말고 말씀해 보세요."
Feel free to _____ to me.

㊅㊆ "기다리게 해서 죄송합니다."
I'm sorry to keep you _____.

㊅㊇ "방금 한 말 취소할게요."
I take that _____.

㊅㊈ "같은 것으로 주세요."
_____ have the same.

㊆㊀ "오늘은 저녁 하고 싶지 않아."
I _____ _____ to make dinner tonight.

Keywords

back   talk   waiting   I'll   don't want

Fill in the blank

● 빈칸을 채워 앞서 배운 표현들을 완성해 보세요.

71 "저는 가족들이랑 저녁식사 중이에요."
I'm _____ dinner with my family.

72 "제가 이제 어떻게 하면 좋을까요?"
What _____ I do now?

73 "집까지 바래다줄게."
I will take _____ home.

74 "이건 제겐 의미가 커요."
It means _____ to me.

75 "더 이상 그 얘기는 하고 싶지 않아."
I don't want to talk about it _____.

Keywords

having   you   should   a lot   anymore

76 "이유는 말해줄 수 없어."

I ______ ______ you why.

77 "내 말이 그 말이야."

That's what I'm ________.

78 "기름이 다 떨어졌어."

We are ______ ______ gas.

79 "내가 거기 도착하면 전화 줄게."

I will call you when I ______ there.

80 "입맛이 없어."

I ______ ______ an appetite.

Keywords

don't have　out of　can't tell　saying　get

Fill in the blank

● 빈칸을 채워 앞서 배운 표현들을 완성해 보세요.

81 "마실 거 좀 드릴까요?"
Can I get you a _____?

82 "커피 좀 갖다 드릴게요."
I'll get you some _____.

83 "만약 기회가 된다면 해외에서 공부하고 싶어요."
If I have a _____, I want to study abroad.

84 "조금 전에 막 커피를 마셨어."
I just _____ (some) coffee.

85 "나 지금 뭐 하고 있는 중이야."
I'm in the _____ of something.

Keywords

coffee   chance   drink   middle   had

⑧⑥ "그거 어디 있는지 알아?"
Do you know _____ it is?

⑧⑦ "다 잘될 거야."
Everything _____ _____ fine.

⑧⑧ "걱정할 거 하나 없어."
There's _____ to worry about.

⑧⑨ "이 근처에 버스 정류장이 있나요?"
Is there a bus stop _____ here?

⑨⑩ "나 이럴 시간 없어."
I _____ _____ time for this.

Keywords

nothing   near   where   will be   don't have

Fill in the blank

● 빈칸을 채워 앞서 배운 표현들을 완성해 보세요.

91 "우리 얘기 좀 해야 할 것 같아"
I think we _____ talk.

92 "다 괜찮아? (다 잘되고 있어?)"
Is everything _____ _____?

93 "내가 이미 말했잖아."
I _____ told you.

94 "저는 전혀 상관없어요."
I _____ _____ it at all.

95 "나 아무것도 기억 안 나."
I don't _____ anything.

Keywords

should   remember   already   all right   don't mind

96 "그게 무슨 말이야?"
_____ do you mean by that?

97 "난 그런 뜻이 아니었어."
That's not what I _____.

98 "지금은 그게 다야."
That's _____ for now.

99 "지금까지는 잘 되고 있어."
It's _____ well so far.

100 "나중에 다시 올게."
I'll come back _____.

Keywords

later   What   all   meant   going

PART 06

사용빈도수 1위
실생활 영어표현 100문장
- 실전대화 완성편 -

실생활에서 매일 쓰이는 사용도 높은 문장들은 따로 존재합니다. 이러한 우선 순위 문장들을 학습할 수 있다면 빠르게 실전 대화를 준비하여 원하는 목표를 이룰 수 있습니다. 지금부터 영어회화의 자신감을 키워보세요!

사용빈도수 1위 실생활 표현 100문장   1~10

● 일상 속 유용한 표현들을 익혀 보세요.

01 "지금 몇 시인가요?"
What time is it now?

02 "저 이제 가야 할 것 같아요."
I think I should leave now.

03 "무슨 일이야?"
What happened?

04 "깬건 7시인데 일어난 건 7시30분이야."
I woke up at 7, but I got up at 7:30.

05 "오늘 밤에 약속 있어?"
Do you have any plans tonight?

* **wake up** 깨어나다   * **get up** 일어나다

Improve your English speaking.

강의 영상 보기

06 "좋은 주말 보내셨어요?"
Did you have a good weekend?

07 "좋은 시간을 보냈어요."
I had a great time.

08 "뭐 하고 있어?"
What are you doing?

09 "그냥 둘러보는 중이에요."
I'm just looking around.

10 "휴대폰 챙기세요."
Don't forget your phone.

* **look around** 둘러보다   * **forget** 잊어버리다

사용빈도수 1위 실생활 표현 100문장

● 일상 속 유용한 표현들을 익혀 보세요.

11 "제가 늦잠을 자서 직장에 늦었어요."
I overslept and I was late for work.

12 "걱정하지 마."
Don't worry about it.

13 "그렇게 말해줘서 고마워."
Thanks for saying that.

14 "올 거야?"
Are you going to come?

15 "그거 확실해?"
Are you sure about that?

* **overslept** (oversleep의 과거) 늦잠 잤다

Improve your English speaking.

16 "여기 앉아도 괜찮을까요?"
Do you mind if I sit here?

17 "무슨 뜻인지 알겠어?"
Do you know what I mean?

18 "생각해 볼게."
Let me think about it.

19 "컨디션이 좋지 않아."
I don't feel good.

20 "나 감기 걸렸어."
I got a cold.

* **got a cold** (get a cold의 과거) 감기에 걸렸다

사용빈도수 1위 실생활 표현 100문장

● 일상 속 유용한 표현들을 익혀 보세요.

21
"쾌유를 빕니다."
I hope you feel better.

22
"이제 살 것 같아."
I feel much better.

23
"널 귀찮게 하고 싶지 않아."
I don't want to bother you.

24
"연락하고 지내자."
Let's keep in touch.

25
"난 선택의 여지가 없어요."
I have no choice.

* **bother** 귀찮게 하다   * **keep in touch** 연락하고 지내다

Improve your English speaking.

26 "버스 시간표를 찾아봐야 해요."
I need to look up the bus times.

27 "나 급해."
I'm in a hurry.

28 "거기는 어떻게 갈 수 있나요?"
How can I get there?

29 "저 좀 태워주실 수 있나요?"
Can you give me a ride?

30 "주변 구경 좀 시켜주실래요?"
Can you show me around?

* **look up** 찾아보다 * **give** 누구 **a ride** 누구를 태워주다

Practice makes perfect!
장기기억에 저장하기

앞서 배운 표현들을 여러분의 것으로 만들어 보세요.

Fill in the blank

● 빈칸을 채워 앞서 배운 표현들을 완성해 보세요.

1 "지금 몇 시인가요?"
What _____ is it now?

2 "저 이제 가야 할 것 같아요."
I think I should _____ now.

3 "무슨 일이야?"
_____ happened?

4 "깬건 7시인데 일어난 건 7시30분이야."
I woke up at 7, but I _____ ___ at 7:30.

5 "오늘 밤에 약속 있어?"
Do you have any _____ tonight?

Keywords

time What plans leave got up

6 "좋은 주말 보내셨어요?"
Did you have a _____ _____?

7 "좋은 시간을 보냈어요."
I _____ a great time.

8 "뭐 하고 있어?"
What _____ you doing?

9 "그냥 둘러보는 중이에요."
I'm just _____ around.

10 "휴대폰 챙기세요."
_____ forget your phone.

Keywords

had   good   weekend   looking   are   Don't

Fill in the blank

● 빈칸을 채워 앞서 배운 표현들을 완성해 보세요.

11 "제가 늦잠을 자서 직장에 늦었어요."
I _____ and I was late for work.

12 "걱정하지 마."
_____ worry about it.

13 "그렇게 말해줘서 고마워."
Thanks for _____ that.

14 "올 거야?"
Are you going to _____?

15 "그거 확실해?"
Are you _____ about that?

Keywords

Don't overslept come saying sure

16 "여기 앉아도 괜찮을까요?"
Do you mind if I _____ here?

17 "무슨 뜻인지 알겠어?"
Do you _____ what I mean?

18 "생각해 볼게."
Let me _____ about it.

19 "컨디션이 좋지 않아."
I don't _____ good.

20 "나 감기 걸렸어."
I _____ a cold.

Keywords

got   think   know   feel   sit

Fill in the blank

● 빈칸을 채워 앞서 배운 표현들을 완성해 보세요.

㉑ "쾌유를 빕니다."
I hope you feel _____.

㉒ "이제 살 것 같아."
I _____ much better.

㉓ "널 귀찮게 하고 싶지 않아."
I _____ _____ to bother you.

㉔ "연락하고 지내자."
Let's keep in _____.

㉕ "난 선택의 여지가 없어."
I _____ no choice.

Keywords

feel   don't want   better   touch   have

㉖ "버스 시간표를 찾아봐야 해요."
I need to look up the _____ times.

㉗ "나 급해."
I'm _____ a hurry.

㉘ "거기는 어떻게 갈 수 있나요?"
How _____ I get there?

㉙ "저 좀 태워주실 수 있나요?"
Can you _____ me a ride?

㉚ "주변 구경 좀 시켜주실래요?"
Can you _____ me around?

Keywords

bus   in   give   show   can

사용빈도수 1위 실생활 표현 100문장 31~40

● 일상 속 유용한 표현들을 익혀 보세요.

31 "당신 왜 그러는 거예요?" (뭐가 문제죠?)
What's wrong with you?

32 "누가 그렇게 말하던가요?"
Who told you that?

33 "무엇 때문에 그렇게 말하는 거죠?"
What makes you say that?

34 "다시 한번 말씀해 주시겠어요?"
Could you repeat that please?

35 "당신에게는 이 말이 일리가 있나요?"
Does it make sense to you?

* **told**(tell의 과거) 말해줬다

Improve your English speaking.

36 "비가 올 것처럼 보이네요."
It looks like it's going to rain.

37 "예약을 해야 하나요?"
Do I need to make a reservation?

38 "얼마나 기다려야 하죠?"
How long is the wait?

39 "그 얘기는 하지 말자."
Let's not talk about it.

40 "저는 할 말이 없습니다."
I have nothing to say.

* **look like** ~인 것처럼 보인다

사용빈도수 1위 실생활 표현 100문장 41~50

● 일상 속 유용한 표현들을 익혀 보세요.

41 "나중에 알려줄게."
I'll let you know later.

42 "나 아직 준비 안 됐어."
I'm not ready yet.

43 "아직 작업 중이에요."
I'm still working on it.

44 "무슨 말씀을 하고 계시는 거죠?"
What are you talking about?

45 "잠시 당신과 얘기할 수 있을까요?"
Can I talk to you for a minute?

* **still** 아직(도)

Improve your English speaking.

46 "잘 되길 바라요."
I wish you all the best.

47 "언제 퇴근하세요?"
When do you get off work?

48 "저는 10시쯤 잠자리에 들어요."
I go to bed around 10 (o'clock).

49 "저는 은행에 좀 들러야 돼요."
I need to stop by the bank.

50 "저는 최선을 다했어요."
I did my best.

* **stop by** 가는 길에 들르다

사용빈도수 1위 실생활 표현 100문장 51~60

● 일상 속 유용한 표현들을 익혀 보세요.

51 "난 끼어들지 않을 거야." (난 중립이야.)
I'm not getting involved.

52 "조금만 참아."
Hang in there.

53 "갈 시간이다."
It's time to go.

54 "미루지 마."
Don't put it off.

55 "이건 우리 둘만의 비밀이야."
This is just between you and me.

*put off 미루다

Improve your English speaking.

56 "좀 도와줄래?"
Can you give me a hand?

57 "우리 헤어졌어."
We broke up.

58 "그런 말을 듣게 돼서 유감이야."
I'm sorry to hear that.

59 "지금 하고 있잖아요." (노력 중이에요.)
I'm working on it.

60 "그거 어떻게 진행됐어요?"
How did it go?

Practice makes perfect!
장기기억에 저장하기

앞서 배운 표현들을 여러분의 것으로 만들어 보세요.

Fill in the blank

● 빈칸을 채워 앞서 배운 표현들을 완성해 보세요.

31 "당신 왜 그러는 거예요?" (뭐가 문제죠?)
What's _____ with you?

32 "누가 그렇게 말하던가요?"
_____ told you that?

33 "무엇 때문에 그렇게 말하는 거죠?"
What _____ you say that?

34 "다시 한번 말씀해 주시겠어요?"
_____ you repeat that please?

35 "당신에게는 이 말이 일리가 있나요?"
_____ it make sense to you?

Keywords

Could   Who   wrong   makes   Does

㊱ "비가 올 것처럼 보이네요."
It _____ _____ it's going to rain.

㊲ "예약을 해야 하나요?"
Do I _____ _____ make a reservation?

㊳ "얼마나 기다려야 하죠?"
_____ _____ is the wait?

㊴ "그 얘기는 하지 말자."
_____ not talk about it.

㊵ "저는 할 말이 없습니다."
I have _____ to say.

Keywords

looks like   How long   need to   Let's   nothing

Fill in the blank

● 빈칸을 채워 앞서 배운 표현들을 완성해 보세요.

41 "나중에 알려줄게."
I'll let you know _____.

42 "나 아직 준비 안 됐어."
I'm not _____ yet.

43 "아직 작업 중이에요."
I'm still _____ on it.

44 "무슨 말씀을 하고 계시는 거죠?"
_____ are you talking about?

45 "잠시 당신과 얘기할 수 있을까요?"
_____ I talk to you for a minute?

Keywords

working   later   ready   What   Can

46 "잘 되길 바라요."
I _____ you all the best.

47 "언제 퇴근하세요?"
When do you _____ _____ work?

48 "저는 10시쯤 잠자리에 들어요."
I go to bed _____ 10 (o'clock).

49 "저는 은행에 좀 들러야 돼요."
I _____ _____ stop by the bank.

50 "저는 최선을 다했어요."
I _____ my best.

Keywords

around   did   wish   get off   need to

Fill in the blank

● 빈칸을 채워 앞서 배운 표현들을 완성해 보세요.

51 "난 끼어들지 않을 거야." (난 중립이야.)
I'm _____ getting involved.

52 "조금만 참아."
_____ in there.

53 "갈 시간이다."
_____ time to go.

54 "미루지 마."
_____ put it off.

55 "이건 우리 둘만의 비밀이야."
This is just _____ you and me.

Keywords

between   Don't   It's   Hang   not

56 "좀 도와줄래?"
Can you _____ me a hand?

57 "우리 헤어졌어."
We _____ up.

58 "그런 말을 듣게 돼서 유감이야."
I'm _____ to hear that.

59 "지금 하고 있잖아요." (노력 중이에요.)
I'm _____ on it.

60 "그거 어떻게 진행됐어요?"
How _____ it go?

Keywords

did   broke   working   sorry   give

사용빈도수 1위 실생활 표현 100문장 61~70

● 일상 속 유용한 표현들을 익혀 보세요.

61 "내가 다시 전화 줘도 될까?"
Can I call you back?

62 "오해하지 마."
Don't get me wrong.

63 "너 어젯밤에 나한테 전화하지 않았어?"
Didn't you call me last night?

64 "왜 나한테 얘기 안 했어?"
Why didn't you tell me about this?

65 "나 밤새웠어."
I stayed up all night.

* **stay up** (평상시보다 더 늦게까지) 깨어 있다

66 "빨리하고 끝내버리자."
Let's get it over with.

67 "그거 말이 되네."
That makes sense.

68 "동감이야."
I'm with you.

69 "우리 현실은 직시하자."
Let's face it.

70 "네 일이나 신경 써!"
Mind your own business!

* **face** 직시하다

사용빈도수 1위 실생활 표현 100문장 71~80

● 일상 속 유용한 표현들을 익혀 보세요.

71 "마무리할 시간이야."
Time to call it a day.

72 "아무것도 아닌 것 보다 낫지."
It's better than nothing.

73 "내가 말 잘해줄게."
I will put in a good word for you.

74 "그건 너한테 달렸어."
It's up to you.

75 "말이 쉽지."
It's easier said than done.

* **call it a day** 마무리하다

Improve your English speaking.

76
"최선을 다할게."
I will do my best.

77
"나잇값 좀 해!"
Act your age!

78
"바보같이 굴지 마." (말도 안 되는 소리 하지 마.)
Don't be ridiculous.

79
"내 탓하려 하지 마."
Don't try to blame me.

80
"내가 어떻게 알아?"
How should I know?

* **ridiculous** 터무니 없는, 말도 안 되는   * **blame** ~을 탓하다

사용빈도수 1위 실생활 표현 100문장

● 일상 속 유용한 표현들을 익혀 보세요.

81 "그거 이상한데."
That's weird.

82 "그거 확실해요?"
Are you sure about that?

83 "이유는 묻지 마."
Don't ask me why.

84 "시간낭비 하지 마."
Don't waste your time.

85 "내 말은 그런 뜻이 아니에요."
That's not what I mean.

* weird 이상한   * waste 낭비하다

Improve your English speaking.

86 "마음 쓰지 마요."
Think nothing of it.

87 "한번 시도해 봐."
Give it a try.

88 "나 어때?" (어때 보이니?)
How do I look?

89 "너하고 전혀 상관없는 일이야."
It's none of your business.

90 "난 그거 전혀 문제없어."
I have no problem with that.

사용빈도수 1위 실생활 표현 100문장

● 일상 속 유용한 표현들을 익혀 보세요.

91 "나 어떻게 해야 돼?"
What should I do?

92 "생각하지 않으려고 해봐."
Try not to think about it.

93 "아침식사를 거르지 않으려고 해봐."
Try not to skip breakfast.

94 "택시를 어디서 탈 수 있나요?"
Where can I get a taxi?

95 "여기에 원래 주차하시면 안 됩니다."
You're not supposed to park here.

* **skip** 생략하다, 건너 뛰다

 **Improve your English speaking.**

96 "내게 원하는 게 뭐야?" (어쩌라고?)
What do you want from me?

97 "나 다음 달에 결혼해."
I'm getting married next month.

98 "너 이번 주 금요일에 올 거야?"
Are you coming this Friday?

99 "수고했어."
Good job.

100 "남은 하루 잘 보내세요!"
Enjoy the rest of your day!

* rest 쉬다, 나머지다

Practice makes perfect!
장기기억에 저장하기

앞서 배운 표현들을 여러분의 것으로 만들어 보세요.

Fill in the blank

● 빈칸을 채워 앞서 배운 표현들을 완성해 보세요.

61 "내가 다시 전화 줘도 될까?"
_____ I call you back?

62 "오해하지 마."
Don't get me _____.

63 "너 어젯밤에 나한테 전화하지 않았어?"
_____ you call me last night?

64 "왜 나한테 얘기 안 했어?"
Why didn't you _____ _____ about this?

65 "나 밤새웠어."
I stayed up _____ _____.

Keywords

Can   all night   wrong   Didn't   tell me

㊆ "빨리하고 끝내버리자."
　　_____ get it over with.

㊆ "그거 말이 되네."
　　That makes _____.

㊆ "동감이야."
　　I'm _____ you.

㊆ "우리 현실은 직시하자."
　　Let's _____ it.

㊆ "네 일이나 신경 써!"
　　Mind your own _____!

Keywords

with　business　sense　Let's　face

Fill in the blank

● 빈칸을 채워 앞서 배운 표현들을 완성해 보세요.

71 "마무리할 시간이야."
_____ to call it a day.

72 "아무것도 아닌 것 보다 낫지."
It's _____ _____ nothing.

73 "내가 말 잘해줄게."
I _____ _____ in a good word for you.

74 "그건 너한테 달렸어."
It's up to _____.

75 "말이 쉽지."
It's _____ said than done.

Keywords

will put   you   better than   Time   easier

76 "최선을 다할게."
I will do my _____.

77 "나잇값 좀 해!"
Act your _____!

78 "바보같이 굴지 마." (말도 안 되는 소리 하지 마.)
_____ be ridiculous.

79 "내 탓하려 하지 마."
_____ try to blame me.

80 "내가 어떻게 알아?"
How _____ I know?

Keywords

Don't   best   age   should   Don't

Fill in the blank

● 빈칸을 채워 앞서 배운 표현들을 완성해 보세요.

81 "그거 이상한데."
That's _____.

82 "그거 확실해요?"
Are you _____ about that?

83 "이유는 묻지 마."
Don't _____ me why.

84 "시간낭비 하지 마."
Don't _____ your time.

85 "내 말은 그런 뜻이 아니에요."
That's not what I _____.

Keywords

weird   sure   waste   mean   ask

㊏ "마음 쓰지 마요."
_____ nothing of it.

㊐ "한번 시도해 봐."
Give it a _____.

㊑ "나 어때?" (어때 보이니?)
How do I _____?

㊒ "너하고 전혀 상관없는 일이야."
It's _____ of your business.

㊓ "난 그거 전혀 문제없어."
I have _____ problem with that.

Keywords

Think   none   look   no   try

Fill in the blank

● 빈칸을 채워 앞서 배운 표현들을 완성해 보세요.

91 "나 어떻게 해야 돼?"
What should I _____?

92 "생각하지 않으려고 해봐."
Try not to think _____ it.

93 "아침식사를 거르지 않으려고 해봐."
Try not to _____ breakfast.

94 "택시를 어디서 탈 수 있나요?"
Where can I _____ a taxi?

95 "여기에 원래 주차하시면 안 됩니다."
You're not supposed to _____ here.

Keywords

skip   about   do   park   get

96 "내게 원하는 게 뭐야?" (어쩌라고?)
What _____ you want from me?

97 "나 다음 달에 결혼해."
I'm getting married _____ _____.

98 "너 이번 주 금요일에 올 거야?"
Are you coming _____ _____?

99 "수고했어."
Good _____.

100 "남은 하루 잘 보내세요!"
Enjoy the rest of your _____!

Keywords

next month   this Friday   day   do   job

스페셜 부록

중급 영어를 대비하는 첫걸음

이제 중급을 향해 가시는 여러분께
....
영어는 배우는 순서가 중요합니다. 즉, 기초일수록 작은 것부터가 아니라 크고 중요한 것부터 먼저 배워야 영어 전체를 보게 되고 정말로 영어를 내 것으로 만들 수 있는 거죠. 첫 번째 책인 『키위엔 영어회화 하루 5분의 기적』을 통해 문장의 구조를 익히고 이번 책을 통해 수많은 표현들을 익히며 다양한 실전 대화에 대비하였습니다. '스페셜 부록'에서는 중급을 향해 가시는 여러분께 기적의 5가지 단어로 누구나 바로 긴 문장을 만들 수 있는 방법을 알려 드립니다.

 긴 영어 문장 만들기
If 만약에 ~라면

여러분은 이미 긴 영어 문장을 만들 수 있는 능력이 생기신 것을 알고 계시나요? 이번 스페셜 unit에서는 간단한 기초 문장들을 연결해서 하나의 긴 문장을 만들 수 있게 해주는 '연결고리'에 대해서 배워보겠습니다. 첫 번째로 공유할 연결고리는 '만약 ~라면'이라는 뜻의 'if'입니다.

🎧 강의 듣기

✏️ 키위엔 단어 위치 학습법

You can speak English well.
너는 영어를 잘 할 수 있다.

| 문장 1 | 연결고리 | 문장 2 |

You practice every day.
너는 매일 연습한다.

You can speak English well   if   you practice every day.
네가 매일 연습**한다면** 영어를 잘 할 수 있어.

---

* 이 책에서는 어렵고 복잡하게 들릴 수 있는 '접속사'라는 표현 대신 이해하기 쉽고 기억하기 좋게 '연결고리'라는 표현을 사용합니다. 연결고리는 기본문장 두 개를 하나의 긴 문장으로 연결해주는 역할을 하니까요.

• **practice** 연습하다, 연습

문장 연습하기

연결고리로 두 문장을 이어 긴 문장 만들기

예문 1) 평서문 + 평서문

　　　　　(평서문)　　　　　(평서문)
You can go home if you are tired.
만약 네가 피곤하면 집에 가도 돼.

예문 2) 평서문 + 부정문

　　　　　(평서문)　　　　　　　　(부정문)
You can lose weight if you don't eat anything after 7.
만약 7시 이후로 아무것도 먹지 않는다면 너는 살을 뺄 수 있어.

예문 3) 의문문 + 평서문

　　　　　(의문문)　　　　(평서문)
Can I call you if I need your help?
만약 내가 너의 도움이 필요하면 전화해도 될까?

> **준쌤의 Tip 하나!**
>
> 평서문, 부정문, 의문문의 응용만으로도 연결고리를 활용해 다양한 문장들을 만들 수 있어요. 게다가 연결고리가 들어간 문장은 앞뒤 두 문장의 위치가 바뀌어도 같은 뜻의 문장이 됩니다! 단, 이 경우 연결고리(if)도 그 뒤에 오는 문장과 함께 이동해 줘야 하는 것을 잊지 마세요.
>
> (ex) Can I call you if I need your help? = If I need your help, can I call you?

실생활 영어 표현 익히기
▶ 단어의 위치를 생각하며 문장을 만들어 보세요.

1. 내가 너의 지갑을 찾는다면 문자 할게.

2. 네가 그러면 그녀는 화가 날 거야.

3. (네가) 열심히 일하면 성공할 거야.

4. 서두르지 않으면 넌 버스를 놓칠 거야.

5. 원하신다면 제가 태워 드릴 수 있어요.

6. 아프시면 집에 가서 쉬어도 괜찮아요.

7. 만약 그녀가 부탁한다면 당신이 그녀를 집에 데려다 줄 수 있나요?

8. 내일 비가 오면 우리는 그곳에 갈 수 없어.

9. 만약 네가 오늘 바쁘면 나는 너를 내일 만나도 돼.

10. 네가 만약 지하철을 타지 않으면 어떻게 직장에 갈 수 있어?

11. 네가 사실을 말해 주지 않는다면 그녀는 실망할 거야.

12. 만약 그가 또다시 지각한다면 그에게 경고해 줄 수 있나요?

키위엔 Vocab

- **find** 찾다
- **succeed** 성공하다
- **miss** 놓치다
- **give (누구) a ride** ~를 태워주다
- **take (누구)** ~를 데려다 주다/ 데리고 가다
- **disappointed** 실망한
- **warn** 경고하다

 **영어 문장 확인하기**

1. I will text you if I find your wallet.
2. She will be mad if you do that.
3. You will succeed if you work hard.
4. You will miss the bus if you don't hurry.
5. I can give you a ride if you want.
6. You can go home and rest if you are sick.
7. If she asks, can you take her home?
8. If it rains tomorrow, we cannot go there.
9. If you are busy today, I can meet you tomorrow.
10. If you don't take the subway, how can you go to work?
11. If you don't tell her the truth, she will be disappointed.
12. If he is late to work again, can you warn him?

기적의 단어 02   When ~할 때/ ~일 때
긴 문장 만들기

If 에 이은 두 번째 연결고리는 'when'입니다. when은 의문문을 만들 때 사용되는 육하원칙의 기능뿐만 아니라 연결고리의 기능도 가지고 있어요. when이 연결고리로 사용될 때는 뜻이 '언제'가 아니라 ' ~할 때' 또는' ~일 때'가 됩니다. 그럼 when이라는 연결고리로 어떤 긴 문장들이 가능한지 함께 알아보도록 할게요.

🎧 강의 듣기

 키위엔 단어 위치 학습법

He likes to work out.
그는 운동하는 것을 좋아해요.

He is stressed out.
그는 스트레스받았다.

| 문장 1 | 연결고리 | 문장 2 |

He likes to work out   **when**   **he is stressed out.**
그는 스트레스받았을 때 운동하는 것을 좋아해요.

＊연결고리만 있으면 여러분이 하고 싶은 말에 따라 지금까지 배운 모든 문장들을 사용해 긴 문장을 만들 수 있습니다.

문장 연습하기

📖 **연결고리로 두 문장을 이어 긴 문장 만들기**

예문 1) 평서문 + 평서문

    (평서문)   (평서문)
  I sleep early when I am tired.
  나는 피곤할 때 일찍 잔다.

예문 2) 육하원칙 의문문 + 평서문

   (육하원칙 의문문)   (평서문)
  What do you do when you are bored?
  너는 심심할 때 무엇을 하니?

예문 3) 평서문 + 부정문

    (평서문)   (부정문)
  I like to read books when I am not busy.
  저는 바쁘지 않을 때 책 읽는 걸 좋아해요.

> 🧑 **준쌤의 Tip 하나!**
>
> 위에 예문처럼 연결고리가 들어간 문장은 앞/뒤 두 문장의 위치가 바뀌어도 같은 뜻의 문장이 됩니다! 단, 연결고리(when)도 그 뒤에 오는 문장과 함께 이동해 줘야 하는 것을 잊지 마세요.
>
> (ex) I sleep early when I am tired. = When I am tired, I sleep early.

- **stressed out** 스트레스 받은
- **bored** 지루한

실생활 영어 표현 익히기 ▶ 단어의 위치를 생각하며 문장을 만들어 보세요.

1. 그가 언제 올지 아시나요?
2. 나갈 때 문 닫아줘.
3. 시간 있을 때 전화해 줄 수 있어?
4. 그들은 젊었을 때 결혼했다.
5. 내가 집에 도착하면 너에게 전화할게.
6. 그 소식을 들었을 때 나는 정말 놀랐어.
7. 우리 내일 만나면 뭐 먹을래?
8. 운전할 때는 조심할 필요가 있어.
9. 네가 여행할 때 내가 너희 강아지를 돌봐줄게.
10. 그는 날 봤을 때 손을 흔들어 줬다.
11. 그가 잘 때는 어떤 것도 그를 깨울 수 없다.
12. 그들은 영화를 볼 때 팝콘을 먹어요.

 키위엔 **Vocab**

- **hear the news** 소식을 듣다
- **look after** ~을 돌보다
- **wave** 손을 흔들다
- **nothing** 아무것도
- **wake (누구) up** ~를 깨우다

영어 문장 확인하기

1. Do you know when he will come?

2. Close the door when you leave.

3. Can you call me when you have time?

4. They got married when they were young.

5. I will call you back when I get home.

6. I was very surprised when I heard the news.

7. What do you want to eat when we meet tomorrow?
   want to를 의문문에 사용하면 '~할래?' 라는 뜻도 됩니다.

8. You need to be careful when you drive a car.

9. I will look after your dog when you travel.

10. He waved when he saw me.

11. When he sleeps, nothing can wake him up.

12. When they watch movies, they eat popcorn.

기적의 단어 03 before & after ~하기 전에/~한 후에
긴 문장 만들기

이번에 배워볼 세 번째 연결고리는 바로 'before'와 'after'입니다. before는 '~하기 전에'라는 뜻이고, after는 '~한 후에'라는 뜻인데요, 일상에서 정말 많이 사용되는 두 연결고리의 다양한 문장들을 함께 알아보도록 하겠습니다.

🎧 강의 듣기

✏️ 키위엔 단어 위치 학습법

긴 문장 어순:

| 문장 1 | 연결고리 | 문장 2 |

I will call you.
내가 너에게 전화할게.

I get off work.
나는 퇴근한다.

I will call you *after* **I get off work.**
내가 퇴근한 후에 너에게 전화할게.

준쌤의 Tip 하나!

before와 after라는 연결고리 뒤에는 문장 대신 명사가 올 수도 있어요.

(ex) "나는 학교 가기 전에 아침을 먹는다."
I eat breakfast before I go to school.   (문장)
I eat breakfast before school.   (명사)

- **get off work** 퇴근한다

문장 연습하기

📖 연결고리로 두 문장을 이어 긴 문장 만들기

예문 1) 평서문 + 평서문

We need to wash our hands before we eat.
우리는 먹기 전에 손을 씻을 필요가 있어요.

예문 2) 육하원칙 의문문 + 평서문

What did you do after I left?
제가 떠난 후에 당신은 무엇을 했나요?

예문 3) 부정문 + 평서문

I am not going to eat dinner after I get off work.
저는 퇴근 후 저녁을 먹지 않을 거예요.

💬 실전 대화 연습하기

A Call me before you leave.   출발하기 전에 전화해줘.
B Will do.   알았어.

- **leave** 떠나다   - **left** 떠났다(**leave**의 과거)

실생활 영어 표현 익히기 ▶ 단어의 위치를 생각하며 문장을 만들어 보세요.

1. 저는 운동 후에 샤워해요.

2. 그녀는 대학 졸업 후 취직했어요.

3. 퇴근 후 같이 저녁 드실래요?

4. 그는 식사를 다 하고 설거지를 할 거예요.

5. 나는 친구들이 떠나면 청소기를 돌릴 거야.

6. 영화 끝나고 뭐하고 싶어?

7. 그는 당신이 전화하기 전에 사무실을 떠났어요.

8. 저는 그녀가 집에 오기 전에 잠들었어요.

9. 우리 여행 전에 무엇을 사야 할까?

10. 네가 여기 오기 전에 여분의 재킷을 가져다줄 수 있니?

11. 저는 잠자러 가기 전에 TV 끄는 것을 깜빡했어요.

12. 저는 면접 전에 긴장이 돼요.

 키위엔 Vocab

- **leave** 떠나다, (물건 등을) 놓다
- **fall asleep** 잠들다
- **turn off** 끄다
- **get nervous** 긴장이 되다

 **영어 문장 확인하기**

1. I take a shower after I work out.
2. She got a job after she graduated from college.
3. Do you want to have dinner together after work?
4. He will do the dishes after he finishes his meal.
5. I am going to vacuum my house after my friends leave.
6. What do you want to do after the movie?
7. He left the office before you called.
8. I fell asleep before she came home.
9. What do we need to buy before the trip?
10. Can you bring me an extra jacket before you come here?
11. I forgot to turn off the TV before I went to bed.
12. I get nervous before an interview.

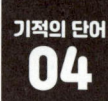 ## Although (비록) ~하더라도
긴 문장 만들기

이번에 배울 연결고리는 '비록 ~이지만' 또는 '비록 ~하더라도'라는 뜻의 'although'입니다. 뜻에서도 알 수 있듯이 although는 서로 대조되는 두 문장을 연결해주면서 하나의 긴 문장을 만들 수 있게 해 주죠. 또한 although와 even though는 같은 뜻을 가진 연결고리이기 때문에 둘 중 어느 것을 사용해도 같은 뜻의 문장이 됩니다.

🎧 강의 듣기

 키위엔 **단어 위치 학습법**

긴 문장 어순:

| 문장 1 | 연결고리 | 문장 2 |

I like kimchi.
나는 김치를 좋아한다.

I don't like spicy food.
나는 매운 음식을 좋아하지 않는다.

I like kimchi *although* **I don't like spicy food.**
나는 비록 매운 음식을 좋아하지 않지만 김치는 좋아한다.

 준쌤의 Tip 하나!

위에 예문처럼 연결고리가 들어간 문장은 앞/뒤 두 문장의 위치가 바뀌어도 같은 뜻의 문장이 됩니다! 단, 연결고리(although)도 그 뒤에 오는 문장과 함께 이동해 줘야 하는 것을 잊지 마세요.

   I like kimchi although I don't like spicy food.
= Although I don't like spicy food, I like kimchi.

문장 연습하기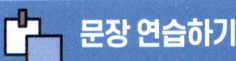

📖 연결고리로 두 문장을 이어 긴 문장 만들기

예문 1) 평서문 + 평서문

He had to go to work although he was sick.
비록 그는 아팠지만 일을 가야만 했다.

예문 2) 부정문 + 평서문

I was not able to pass the test although I studied a lot.
비록 내가 공부를 많이 했지만 나는 그 시험에 통과할 수 없었다.

예문 3) 평서문 + 부정문

You should exercise more often although it is not easy.
비록 쉽지 않더라도 당신은 더 자주 운동해야 해요.

💬 실전 대화 연습하기

A Did you go to the concert? How was it?
콘서트 갔었나요? 어땠어요?

B It was fun. **Although** it rained, everyone had a good time.
재미있었어요. 비록 비가 오긴 했지만, 모두가 좋은 시간을 보냈어요.

- **pass** 통과하다, 합격하다
- **more often** 더 자주

PART 3 **307**

실생활 영어 표현 익히기 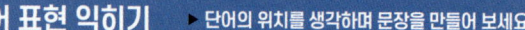 ▶ 단어의 위치를 생각하며 문장을 만들어 보세요.

1. 비록 비쌌지만 그 음식은 맛있었다.

2. 그는 키가 작지만 높게 점프할 수 있다.

3. 비록 비가 내렸지만 콘서트에는 많은 사람들이 있었다.

4. 비록 그는 여러 번 실패했지만 포기하지 않았다.

5. 그녀는 공부를 열심히 하지 않았지만 시험을 통과했다.

6. 저는 차가 있지만 제 자전거로 출근하는 걸 좋아해요.

7. 나는 자주 그와 의견이 다르지만 그를 존중한다.

8. 비록 바빴지만 우리는 행복했다.

9. 그들은 쌍둥이지만 닮지 않았다.

10. 나는 피곤하지만 자고 싶지 않다.

11. 그들은 많은 돈이 있지만 행복하지 않다.

12. 그녀는 일을 많이 하지만 스트레스를 받지 않는다.

키위엔 Vocab

- **fail** 실패하다
- **give up** 포기하다
- **often** 자주
- **disagree** 동의하지 않다
- **look alike** 닮다
- **get stressed out** 스트레스 받다

영어 문장 확인하기

1. The food was good, although it was expensive.
2. He can jump high, although he is short.
3. Although it rained, there were many people at the concert.
4. He did not give up although he failed many times.
5. She passed the test, although she didn't study hard.
6. Although I have a car, I like to ride my bicycles to work.
7. I respect him, although I often disagree with him.
8. Even though we were busy, we were happy.
9. Even though they are twins, they don't look alike.
10. I don't want to sleep, even though I am tired.
11. Even though they have a lot of money, they are not happy.
12. She doesn't get stressed out even though she works a lot.

기적의 단어 05 because
~때문에

'because'는 '~때문에' 또는 '~해서'라는 뜻을 가지고 있는 연결고리입니다. 이유를 설명할 때 사용하는 표현이죠. 그럼 because가 사용된 다양한 일상 표현들을 함께 보도록 하겠습니다.

🎧 강의 듣기

✏️ **키위엔 단어 위치 학습법**

긴 문장 어순:

문장 1	연결고리	문장 2

I like him.
나는 그가 좋다

I like him **because** **he is honest.**
나는 그가 정직해서 좋다.

He is honest.
그는 정직하다.

She called me.
그녀는 나에게 전화했다.

She called me **because** **she needed my help.**
그녀는 내 도움이 필요해서 나에게 전화했다.

She needed my help.
그녀는 내 도움이 필요했다.

- **honest** 정직한, 솔직한
- **help** 도움, 도와주다

문장 연습하기

연결고리로 두 문장을 이어 긴 문장 만들기

예문 1) 평서문 + 평서문

I have to move because I got a new job.
나 새로운 직업을 구해서 이사해야 해.

예문 2) 의문문 + 평서문

Were you mad because he was late?
그가 지각해서 화가 났었나요?

예문 3) 부정문 + 평서문

I did not buy it because it was too expensive.
그게 너무 비쌌기 때문에 나는 그것을 사지 않았어.

 **준쌤의 Tip 하나!**

because라는 연결고리는 상황에 따라 'because of'로도 대체해 줄 수 있어요. 단, 'because of'가 사용될 때는 그 뒤에 '문장' 대신 '명사'가 옵니다.

(ex) I can't sleep because of the noise. 나는 소음 때문에 잠을 잘 수 없다.
　　　　　　　　　　　(명사)

- noise 소음

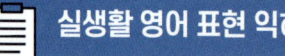 ▶ 단어의 위치를 생각하며 문장을 만들어 보세요.

1. 나는 하와이가 아름답기 때문에 가고 싶다.

2. 그녀는 새 핸드폰이 너무 비싸서 사지 않았다.

3. 그는 몸이 좋지 않아서 일찍 퇴근했다.

4. 나는 버스를 놓쳐서 택시를 탔다.

5. 그녀는 요리하는 것을 좋아하기 때문에 보통 집에서 먹는다.

6. 그는 아파서 오지 않았다.

7. 나는 그것이 매우 커서 놀랐습니다.

8. 오늘 밤은 일이 많아서 못 나가요.

9. 그가 성가시게 해서 제니는 그와 얘기하지 않는다.

10. 그는 그의 가족 때문에 담배를 끊었다.

11. 나는 교통 체증 때문에 회사에 지각했다.

12. 제임스는 취업 면접 때문에 하루 종일 스트레스를 받았다.

 **Vocab**

- **traffic jam** 교통 체증
- **annoying** 성가신, 귀찮게 하는

 **영어 문장 확인하기**

1. I want to go to Hawaii because it's beautiful.

2. She didn't buy the new phone because it was too expensive.

3. He left work early because he didn't feel good.

4. I took a taxi because I missed the bus.

5. She usually eats at home because she likes cooking.

6. He didn't come because he was sick.

7. I was surprised because it was very big.

8. I can't go out tonight because I have a lot of work to do.

9. Jenny doesn't talk to him because he is annoying.

10. He stopped smoking because of his family.

11. I was late to work because of the traffic jam.

12. James was stressed out all day because of the job interview.

수고하셨습니다.
여러분의 멋진 도전을
응원합니다.

결과가 말해주는
『키위엔 영어 하루 5분의 기적』 시리즈!

어려운 문법 위주 교육의 틀을 깬 특허 받은 학습법을 이제 책으로 만나보세요!

 +

『키위엔 영어회화 하루 5분의 기적』  기초 어순편

『키위엔 영어표현 하루 5분의 기적』  실전 대화편

『키위엔 영어 하루 5분의 기적』
*출간 즉시 YES24 외국어 전체 베스트 셀러 1위,
*2023년 영어 입문, 영어 독해, 영어 학습법 해당 카테고리 9달 연속 1위
*교보문고 70주 연속 영어회화 베스트셀러
*교보문고 2023년 가장 많이 판매된 영어 회화 책